高校入試
ひとつひとつ
シリーズ

高校入試
面接対策をひとつひとつわかりやすく。

Gakken
編

Gakken

面接対策に取り組むみなさんへ

面接の受け方って学校で
ちゃんと習ったことないけど大丈夫?

　学校で面接のマナーややり方について習ったことがない、という人は多いと思います。いざ入試で必要ということがわかっても、「どんな対策をしたらいいかわからない」「周りに聞ける人もいない」というケースも少なくないでしょう。でも、大丈夫です。入試の面接は、ある程度決まった形式や質問パターンがあるので、面接官がどんなところを見ようとしているのかがわかれば、自分でも対策ができますよ。この本でしっかり準備していきましょう。

人前で話すのが得意じゃない…

　人前で話すのが、ふだんから苦手な人もいるかと思います。また、目上の人や、初対面の人との適切な言葉づかいに、あまり自信がない人も多いかもしれませんね。

　本書を使って、基本的な言葉づかいの注意点を学びつつ、きちんとした返事、姿勢、動作などは、何度も練習しておきましょう。

　また、事前にある程度質問を想定し、面接のシミュレーションをすることで、苦手意識をぐっと減らすことができますよ。

本番で緊張しちゃいそう…

「緊張して頭が真っ白になってしまうかも…」という不安がある人もいるでしょう。面接のような場では、ふだんは活発な人や大人であっても緊張するものですし、ほかの受験生たちも、おそらくみんな緊張しているはずです。そのため、緊張すること自体は、それほど不安に思う必要はありません。緊張しすぎて、たとえ練習どおりうまく話せなかったとしても、大事な部分が相手に伝われば大丈夫です。この本で、面接官に好印象をもってもらうポイントをチェックして、本番の緊張に負けない自信をつけていきましょう。

時間がない！ 今からでも間に合う？

試験の直前で時間がなかったり、ほかの教科の勉強が忙しかったりと、今から対策を始めて間に合うのか不安な人もいるかもしれません。時間がない場合は、この本のレッスン1から全部を埋めなくても大丈夫です。スケジュールに合わせて、自分に関わりの深そうなところから取り組んでいけば、対策できます。

漠然とした不安があるかもしれないけれど、
きちんと準備すれば本番もこわくない！
不安を一つ一つつぶしていこう。

この本の使い方

PART 1 面接でよく聞かれる質問対策

PART 1 では、基本的な言葉づかいのレッスンを第 1 章で、よく聞かれる
質問を 2 章から 6 章まで、ジャンル別に確認していきます。

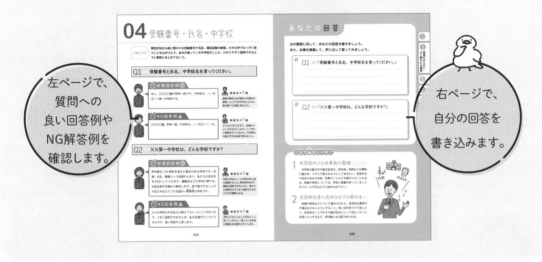

左ページで、
質問への
良い回答例や
NG解答例を
確認します。

右ページで、
自分の回答を
書き込みます。

PART 2 パターン別 入試面接リハーサル

PART 2 では、音声つきのページで、本番の流れを確認します。

面接官の音声
を聞いて、自分
で答える練習
もできます。

付属音声を聞く方
法については、6
ページをご覧くだ
さい。

PART 3 推薦入試対策・保護者面接対策

PART 3 では、推薦入試や保護者面接のコツや注意点をまとめています。

自分の受験に関係のあるものは確認しておきましょう。

別冊 # 直前対策Book

本体から切り離して試験会場に持っていける、ミニブックです。

必要事項を事前に書き込み、しっかり本番に備えましょう。

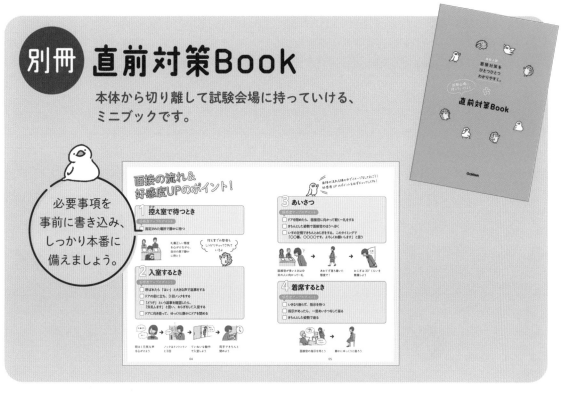

付属音声の聞き方

102〜107ページの「PART 2　パターン別　入試面接リハーサル」のコーナーには音声がついています。音声も聞きながら、本番のシミュレーションをしておきましょう。

😊 音声の聞き方は3通り。自分のスタイルで選べる！

❶ 二次元コードを読み取って聞く

各ページの二次元コードを読み取ることで、インターネットに接続されたスマートフォンやタブレットで再生できます。(通信料はお客様のご負担になります。)

❷ アプリで聞く

音声再生アプリ「my-oto-mo（マイオトモ）」に対応しています。右からダウンロードしてください。

 https://gakken-ep.jp/extra/myotomo/

アプリは無料ですが、通信料はお客様のご負担になります。パソコンからはご利用になれません。

❸ パソコンにダウンロードして聞く

下記URLのページ下部のタイトル一覧から、「高校入試　面接対策をひとつひとつわかりやすく。」を選択すると、MP3音声ファイルをダウンロードできます。

https://gakken-ep.jp/extra/myotomo/

面接の流れをしっかりつかもう！
付属音声で面接リハーサルまですれば対策はばっちり。
自信を持って本番にのぞもう！

 面接対策

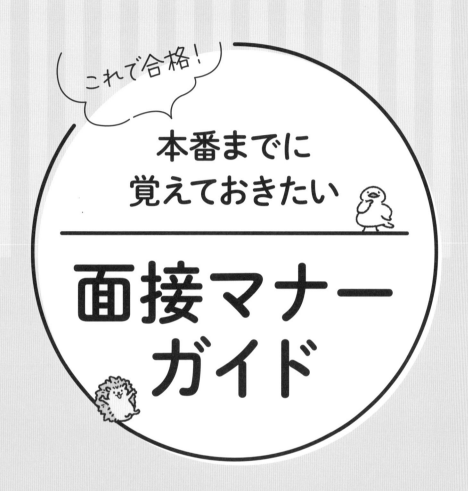

これで合格！

本番までに
覚えておきたい

面接マナー
ガイド

面接で注意すべき身だしなみやマナーをしっかりチェック！
やりがちなNG例も参考にしながら、本番の流れを確認しよう。

面接前の準備

面接は身だしなみから始まっているよ。
服装や髪型をどのように整えればいいか図を参考にチェックしてみよう。

＼ 好感度upの身だしなみ ／

女子

髪は中学生らしい清潔感のある形に整える。髪が長い場合はゴムで結ぶ。前髪は目がかくれないようにする。

ネクタイやリボンはきちんと結ぶ。

ツメはきれいに切っておく。

上着は標準的な丈に。校章、バッチや名札をきちんとつける。

スカート丈は校則どおりの標準的な長さに。

靴は黒や茶の革靴か、派手でない運動靴で汚れのないもの。

ソックスは標準的な長さで無地のもの。

男子

髪はきちんと切って、中学生らしい清潔感のある形に整える。

校章、バッチや名札をきちんとつける。

上着は標準的な丈に。ボタンをきちんととめ、ネクタイをつける場合は、しっかり整えて着用する。

ツメはきれいに切っておく。

ズボンは折り目をつけた、標準的な太さのものを。ベルトをしっかりしめる。

靴は黒や茶の革靴か、派手でない運動靴で汚れのないもの。

ソックスは無地のもの。

これはNG!!

- [ ] 髪を染めたりパーマをかけたりしている、ボサボサに乱れているなど。
- [ ] ボタンをきちんととめず、ネクタイなどをゆるめている。
- [ ] スカートの丈を短くしている、ズボンを下げてはいている。
- [ ] アクセサリーや派手な靴下などを身につけている。
- [ ] 制服や靴が汚れている。

①控え室

面接は控え室での態度も評価のポイント。
気を抜かず、落ち着いて呼ばれるのを待とう。

＼ 好感度upのマナー ／

指定された場所で静かに待つ

順番が来るまでは、ほかの受験生に迷惑をかけないように、自分の席に座って静かに待つ。面接前はかなり緊張することもあるが、ゆっくり深呼吸するなどして心を落ち着かせ、できるだけリラックスすることを心がけよう。用意してきたメモなどを見て、面接で何を話すかもう一度確認するのもいいだろう。

トイレに行きたいとき

トイレに行きたいときでも、勝手に席を離れないこと。必ず係の先生に申し出て、許可を得てから席を立つようにしよう。

調査カードを書くとき

控え室で調査カードなどを書く場合、書いた内容は質問をするときの参考資料になるので、いいかげんな書き方や記入ミスをしないようにしよう。

これは
NG!!

騒がしいおしゃべり

席を離れて
ウロウロ、キョロキョロ

スマホは使わない

②入室

いよいよ面接室へ。最初の印象が面接の評価を左右するよ。
入室の際に気を付けるポイントを確認しておこう。

\ 好感度upのマナー /

1 呼ばれたら「はい」と大きな声で返事をする

18番の方

はい！

あいさつや返事の声は印象に大きく影響する。第一印象は面接の回答と同じくらい重要。明るく元気な声で返事をするよう心がけよう。

3 静かにドアを開けて、入室する

失礼します

「どうぞ」と聞こえたら「失礼します」と言い、軽くおじぎをして入室する。「どうぞ」の声が、しばらくない場合はそのまま入室してもかまわない。

2 ドアの前に立ち、3回ノックをする

面接室のドアの前に立ち、必ず「トントントン」と3回ノックをすること。軽く手を握って中指の背でたたくようにすると、ほどよい強さのノックになる。

トントントン

どうぞ

4 ゆっくりと静かにドアを閉める

もともとドアが閉まっていたときは、必ずドアを閉めること。ドアの方に向き直って、取っ手やノブを両手で持って、静かに閉めよう。

カチャ

これはNG!!

呼ばれたのに気づかない

ノックは？

ノック、あいさつ、おじぎをしない

ガチャン

後ろ手でドアを閉める、勢いよく閉める

③あいさつ

最初のあいさつはとても大切。おじぎの仕方をマスターしよう。
心をこめてあいさつをすることが大切だよ。

\ 好感度upのマナー /

1 面接官に向かって軽く一礼する

ドアを閉めたら、面接官のほうを向いて、軽く一礼する。面接官が多いときは、中央の人のほうを向いて一礼しよう。

2 きちんとした姿勢で面接官のほうへ歩く

あごを引き、背すじを伸ばし、腕を下げ、自然な感じであわてず落ち着いた態度で歩く。腕は足と交互に少し振るようにして歩こう。

あごを引く

背筋をのばす

自然に下げる

3 いすの左側できちんとおじぎをする

30度くらい

正しいおじぎのしかた

手はからだの両側につけ、指先を伸ばす。女子は両手を前で合わせてもよい。

男子はかかとをつけ、つま先を少し開く。女子は両足をそろえ、つま先を閉じる。

つま先を少し開く

そろえる

いすの左側まで来たら、面接官のほうを向き、姿勢を正しおじぎをする。このタイミングで氏名などを言う場合は、「〇〇番、〇〇〇〇です。よろしくお願いします。」とはっきり大きな声で言う。

これはNG!!

首だけのおじぎ

ダラダラ歩く

深すぎるおじぎ

④着席

指示があってから座ろう。座るときの姿勢も大切だ。
焦（あせ）らず落ち着いて、姿勢をよくしよう。

＼ 好感度upのマナー ／

1 いきなり座らず、指示を待つ

おじぎをしても、いきなり座らず、面接官の指示を待つこと。

> お願いします
> おかけください

2 指示があったら、一言あいさつをして座る

「どうぞ」や「おかけください」と言われてから、「失礼します」の一言をそえて、大きな音を立てずに、ゆっくりといすに座る。

着席しているとき

- あごを引き視線は面接官のほうに向ける。
- 背筋を伸ばして、背もたれに寄りかからない。
- 手をひざの上に置き、指先は軽く丸めるか、手のひらを重ねる。
- 足をそろえてかかとまで床につける。

起立しているとき

- 頭はまっすぐにする。
- 背筋を伸ばす。
- 指先は力を入れずにまっすぐに伸ばす。
- フラつかないようにまっすぐ立つ。
- かかとをつけ、足をそろえる。

これはNG!!

指示がないのにいきなり座る

足を組む

背もたれによりかかる

⑤質疑応答

いよいよ面接官との質疑応答。質問をよく聞いて回答しよう。
真摯（しんし）に質問に答える姿勢が大切だよ。

＼ 好感度upのマナー ／

面接官の目をしっかり見る

できるだけ面接官の目を見て答えると、意欲や真剣さが相手に伝わる。複数の面接官がいる場合は、質問した人に顔を向けて答えよう。

ゆっくり大きな声で答える

○○○はどう思いますか？

はい。わたしは…だと考えています。

答えるときは、相手がよくわかるように話すことが基本。早口にならず、聞き取りやすいように、ゆっくりと大きな声ではきはき元気に答えよう。

正しい言葉づかいをする

とても楽しかったです

マジで楽しかったっす

友達と話すのと同じようななれなれしい言葉づかいや、略語など友達同士でしか通じない言葉は使わないようにしよう。

姿勢を崩さずきちんと座る

最初はきちんと座っていても、だんだん姿勢が崩（くず）れてきてしまわないようにしよう。面接の間は正しい姿勢で着席しよう。

これはNG!!

ボソボソ
私は…です…

小声や早口、語尾がはっきりしない

……

うつむいたまま、面接官の顔を見ない

ヤバくない？

友達言葉や流行語を使う

⑥退室

質疑応答が終っても最後まで気を抜かずに。
礼儀正しくあいさつをして退出しよう。

\ 好感度upのマナー /

1 静かに立ち上がる

これで面接を終了します

面接官に「面接を終了します」と言われたら、静かに席を立ち、いすの左側に移動する。

2 笑顔であいさつする

ありがとうございました

面接官に向かって「ありがとうございました」とお礼の一言を言ってからおじぎをする。お礼を言うタイミングとおじぎの動作が重ならないように気をつけよう。

3 回れ右してドアに向かって歩く

回れ右をして、入室の時と同じように背筋を伸ばして、ゆっくりドアに向かって歩く。ドアの前に来たら、面接官のほうに向き直って軽く一礼する。

4 教室を出る

ドアのほうに向き直り、両手でドアを静かに開けて外に出る。ドアを閉めるときも、最後まで取っ手やノブを持ち、静かに閉める。

これはNG!!

失敗したと思って態度を変える

動かしたいすを元の位置に戻さない

マナー上の多少のミスは気にしない！

マナーでミスをしても動揺せず、切りかえて面接に集中しよう。

切りかえよう！

PART 1

面接官はここをみている！

面接でよく聞かれる質問対策

レッスン01〜03では言葉づかいのトレーニングをしていこう。

レッスン04からは、さまざまなジャンル別に、面接での頻出の質問を紹介。

好印象の回答とNGの回答をチェックして、自分の回答を準備していこう。

01 印象をよくする表情と話し方

対策POINT 具体的な質問対策に入る前に、基本的な話し方のポイントをおさえておこう。面接官に与える印象は、表情や話し方で大きく変わる。また、基本の言葉づかいとして、面接の場での人の呼び方についてもマスターしておこう。

●印象をよくする表情と視線

- 自然な笑顔で、目元や口元がおだやかに笑っているのがポイント。
- 下を向いたままや、横目、上目づかいで答えるのではなく、相手の目を見て話す。

目元、口元を意識して
自然な笑顔を

鏡を見て練習してみよう！

●印象をよくする話し方

- 面接官が聞き取りやすいよう、早口になったり、語尾をあまりのばしたりしない。
- 「はい」「いいえ」の返事をはっきりとする。
- 語尾に「です」「ます」を使う。

←はっきりと大きな声で
←語尾をのばさない
←早口にならない

面接などの改まった場では、人の呼び方も気をつけよう。

●ふだんと面接の場での呼び方の違い

普段の生活	面接の場
自分、俺（おれ）	私、僕（ぼく）（男子生徒の場合）
お父さん（パパ）、お母さん（ママ）	父、母、両親
お兄ちゃん、お姉ちゃん	兄、姉
おじいちゃん、おばあちゃん	祖父、祖母
（親戚（しんせき）の）おじさん、おばさん	おじ、おば
担任	担任の先生
校長	校長先生

家族には「お」や「さん」はつけないようにしよう。

基本練習

→ 答えは100ページ

1 次の人の呼び方を面接の場にふさわしいものに書き換えましょう。

(1) 俺

(2) お父さん

(3) おばあちゃん

(4) お兄ちゃん

2 次の面接の回答を、正しく書き換えましょう。

(1) 自分のおばさんは、テニスをするのが趣味です。

(2) 受験は、担任と、お父さん、お母さんと話して決めた。

(3) お姉ちゃんからアドバイスをもらった。

02 敬語を正しく使おう

●尊敬語

相手または相手に関係のある人の持ち物・状態・動作を敬って使う言葉。学校の先生など目上の人の話をするときに使う（家族の話をするときには使わない）。

●謙譲語

自分または自分に関係のある人の持ち物・状態・動作をへりくだって使う言葉。自分や家族の話をするときに使う（学校の先生の話をするときには使わない）。

言葉	尊敬語	謙譲語
言う・話す	おっしゃる　お話になる	申す　申し上げる
行く	いらっしゃる　おいでになる　行かれる	参る　うかがう
来る	いらっしゃる　おいでになる　お越しになる　お見えになる	参る　うかがう
見る	ご覧になる	拝見する
聞く	お聞きになる	うかがう　拝聴する
会う	お会いになる　会われる	お目にかかる　お会いする
食べる	召し上がる	いただく
する	なさる　される	いたす
もらう	お受け取りになる	いただく　頂戴する　拝受する
問う	お尋ねになる	うかがう　おうかがいする

●正しい敬語の使い方

✕【間違った使い方】	◎【正しい使い方】
担任の先生がそう**申しました**。 謙譲語	担任の先生がそう**おっしゃいました**。 尊敬語 学校の先生には尊敬語を使おう。
母がそのお話を**お聞きになりました**。 尊敬語	母がそのお話を**うかがいました**。 謙譲語 家族には謙譲語を使おう。

1章 基本の言葉づかい
2章
3章
4章
5章
6章

1 次の言葉を指示にしたがって、書き換えましょう。

(1) 「見る」を謙譲語に

(2) 「食べる」を尊敬語に

(3) 「する」を尊敬語に

(4) 「話す」を謙譲語に

(5) 「問う」を尊敬語に

2 次の面接の回答を、正しく書き換えましょう。

(1) お父さんがそのようにおっしゃいました。

(2) 私は校長にお会いになりました。

03 くだけた言葉は使わない

対策POINT　面接の場ではふだん、友達と話したり、SNS で使うような言葉や省略語は使わず、正しい言葉を使うようにしよう。

●若者言葉と正しい言葉

面接にふさわしくない若者言葉	正しい言い換え例
めっちゃ　マジで　ガチで　超	非常に　本当に　とても 真剣な　本気の
ヤバい	素晴らしい　すごい　大変　深刻だ
イケてる	かっこいい
ムカつく	腹がたつ　怒る
～的には	～としては　～は
ハマる	熱中する　夢中になる

つい使ってしまわないように気をつけよう。

●話し言葉と正しい言葉

面接にふさわしくない話し言葉	正しい言い換え例
っていうか	といいますか（もしくは使わない）
だけど　でも	ですが　～けれど
見れる　食べれる（ら抜き言葉）	見られる　食べられる（見る・食べることができる）
やっぱ	やはり
見ちゃった	見てしまった　見た
こないだ	この間
バイト　朝練	アルバイト　朝の練習
うん　えっと	はい
～っす	～です

ふだんから正しい言葉を心がけよう。

【良くない例】	【正しい例】
こないだのスポーツ選手のプレイは**マジ**ですごかった**っす**。	**この間**のスポーツ選手のプレイは、**本当に**すごかった**です**。

1 次の文章の下線の言葉を、面接の場にふさわしいものに言い換えましょう。

(1) 彼の演奏は **めっちゃ** 上手でした。

[　　　　　　　　　　　　　　　　　　　　]

(2) 現在の地球環境は **ヤバい** と思います。

[　　　　　　　　　　　　　　　　　　　　]

(3) 今、**ハマって** いることがあります。

[　　　　　　　　　　　　　　　　　　　　]

(4) おいしいお弁当を **食べれました** 。

[　　　　　　　　　　　　　　　　　　　　]

2 次の回答を、面接の場にふさわしい表現に変えましょう。

(1) やっぱ、優勝したときは、うれしくて泣いちゃいました。

[　　　　　　　　　　　　　　　　　　　　　　　　　　　　]

(2) 朝練は超大変だけど、がんばりました。

[　　　　　　　　　　　　　　　　　　　　　　　　　　　　]

04 受験番号・氏名・中学校

対策POINT
> 質問が始まる前に聞かれる受験番号や名前、筆記試験の感想。大きな声ではっきり言うことを心がけよう。自分の通っている中学校のことも、わかりやすく説明できるように事前にまとめておこう。

Q1 >>> 受験番号と氏名、中学校名を言ってください。

😊 好感回答例 ◎

はい、○○○○番の学研一郎です。中学校は、△△市立××第一中学校です。

面接官の評価

面接の最初に必ず聞かれる基本の質問。ここでつまずかないように。落ち着いて正確に答えよう。

😵 NG回答例 ▲

○○○○番、学研一郎。中学校は、△△市立××一中。

面接官の評価

ぶっきらぼうすぎて、乱暴なイメージを与えてしまう。「〜です」と語尾までていねいに。中学校名も略さず正式名称で答えること。

Q2 >>> ××第一中学校は、どんな学校ですか?

😊 好感回答例 ◎

昨年創立100周年を迎えた歴史のある学校です。自律・共生・勤勉という校訓のとおり、私たちの自主性を大切にしてくれます。運動会などの学校行事では、生徒全員が企画から参加します。皆で協力することの大切さを伝えてくれる温かい雰囲気の学校です。

面接官の評価

校風や特色といった学校の良い面を強調すること。具体例をあげて、簡潔に説明できるように。限られた時間の中でうまく説明できるかどうかが重要となる。

😟 NG回答例 ▲

どんな学校かを先生から教えてもらったことがないので、うまく説明できませんが、私は友達がたくさんできたので、良い学校だと思います。

面接官の評価

「教えてもらったことがない」と言ってしまうと、通っている学校に無関心な印象を与えてしまう。

あなたの回答

次の質問に対して、あなたの回答を書きましょう。
また、本番を意識して、声に出して言ってみましょう。

Q1 >>> 「受験番号と氏名、中学校名を言ってください。」

Q2 >>> 「（あなたの）中学校は、どんな学校ですか?」

これで👍カンペキ！

1 中学校のことは事前に整理

中学校の創立年や創立記念日、所在地、校訓などは事前に確かめ、スラスラ言えるようにしておきたい。校長先生や担任の先生の名前、校歌のことなどを聞かれることもある。校風や特色については、学校に愛着を持っていることをアピールできるように話せればベスト。

2 否定的な言い方はなるべく避ける

校風や特色などについて尋ねられたら、否定的な意見や不満は出さないようにすること。良い点を見つけて話したり、否定的なことでもその面が自分にとって役立ったことを話したりするなど、好印象となる話でまとめる。

校歌　校長先生　スラスラ

05 中学校について・家族からの意見

Q3 >>> 中学校の校長先生の名前を教えてください。どんな先生ですか?

☺ 好感回答例 ◎

山田一子先生です。明るくていつもにこにこされている先生で、何でも相談に乗ってもらえる雰囲気があります。「なせば成る」が口ぐせで、いつも努力することの大切さを教えてくれます。

面接官の評価

名前はきちんとフルネームで覚えておくこと。先生の良い点や印象に残っていることを話そう。

☹ NG回答例 ▲

たしか山田先生だったと思います。厳しい先生という印象がありますが、あまり話す機会がないので、よくわからないです。

面接官の評価

たしかに校長先生とはあまり話す機会はないかもしれないが、学校のことに無関心だと思われないよう、先生の氏名や良い点を明確に答えられるようにしておこう。

Q4 >>> 本校を受験するにあたって、ご家族からは何か言われましたか?

☺ 好感回答例 ◎

家族で一緒にご飯を食べているときに母からは「花子の性格に合っているからいいと思う」、父からは「自分の人生だから後悔のないようにしなさい」と言ってもらいました。

面接官の評価

家族が志望校の受験を応援してくれていること、自主性を尊重してくれていることをアピールできていて Good。

☹ NG回答例 ▲

家族と話し合っても喧嘩になるので、話し合うことはしていません。志望校は私一人で決めました。

面接官の評価

家族関係がうまくいっていない印象を与えてしまう。家族はあなたの人生を支えてくれている存在なので、きちんと家族と話し合って決めよう。

あなたの回答

次の質問に対して、あなたの回答を書きましょう。
また、本番を意識して、声に出して言ってみましょう。

Q3 >>> 「中学校の校長先生の名前を教えてください。どんな先生ですか?」

Q4 >>> 「本校を受験するにあたって、ご家族からは何か言われましたか?」

これで👍カンペキ!

1 悪口は言わない

　校風や特色についての質問と同様、校長先生や担任の先生についても否定的なことは言わないようにしよう。人柄(ひとがら)については具体的なエピソードなどを盛り込むとより好印象となる。

2 家族とのコミュニケーションは大切

　家族と意見が合わないこともあるかもしれないが、それをそのまま出すのは良い印象にならない。話し合いを重ねて双方が納得する進路を選んでいることをアピールしよう。

06 筆記試験の感想

Q5 >>> 今日の筆記試験のできはどうでしたか？　どの科目が難しかったですか？

😊 好感回答例 ◎

国語は自分なりに努力した結果が出たと思います。ただ、数学は非常に難しかったです。特に図形の証明問題が難しくて時間がかかってしまいました。見直す時間がなくなったので、計算ミスがないか不安です。

面接官の評価

うまく答えようと考えこまないで、感想をそのまま話そう。難しい問題は具体例をあげられるとよい。苦手分野はだれにでもあるもの、正直に話そう。

😖 NG回答例 ▲

試験はまったくできなかったです。すべての科目が難しかったです。

面接官の評価

そっけなさすぎて、これではちゃんとした答えにならない。全部難しかった場合でも、「特に〇〇は」というように、何か一つは具体的に感想を言おう。

Q6 >>> 本校の過去問題集はやってみましたか？

😊 好感回答例 ◎

はい、過去3年分の問題に挑戦しました。結果を担任の先生にみてもらい、解けなかった箇所や間違えた箇所を教えてもらって、自信をつけることができました。

面接官の評価

過去問を解くということは、この学校に受かりたいという気持ちの表れにもなる。「過去問と比べて今年の問題はどうだったか」という質問をされる場合もあるので、必ずやっておくようにしよう。

😖 NG回答例 ▲

先生に言われたので、過去問はとりあえず3年分解きました。

面接官の評価

「先生に言われた」と言ってしまうと、しかたなく解いたという消極的な印象になる。自分で決めて勉強しているというアピールをしよう。

あなたの回答

次の質問に対して、あなたの回答を書きましょう。
また、本番を意識して、声に出して言ってみましょう。

Q5 >>> 「今日の筆記試験のできはどうでしたか？　どの科目が難しかったですか？」

Q6 >>> 「本校の過去問題集はやってみましたか?」

これで👍カンペキ！

1 筆記試験に関する質問には正直に答えよう

あらかじめ答えを用意できるものではないので、そのときの素直な感想を聞くことで、受験生の反応を知ろうという質問。思ったことをそのまま表現するほうが好感を与える。

2 できなくても投げやりにならない

難しくてあまりできなかった場合でも、「全部まったくできなかった」など投げやりな回答は避けよう。「せいいっぱい努力した」「〇〇が特に難しかった」など、問題に一生懸命取り組んだことを伝えよう。

07 志望理由①

対策POINT

志望理由・動機は面接で必ず聞かれる質問。ここがあいまいだと入学意欲が伝わらない。自分の言葉で説明できるように事前にまとめておき、入学への意欲・熱意を強く伝えるようにしよう。

Q7 >>> あなたはなぜ、本校を志望しましたか？

😊 **好感回答例** ◎

文武両道という点にひかれました。特にサッカー部は全国大会にも出て活躍しているので、以前からあこがれでした。私も中学校からやっているサッカー部に入って、部活動に力を入れながら大学進学をめざしたいと思い志望しました。

面接官の評価

この高校に入りたいという熱意を伝えるために、志望校の特色（ここでは、文武両道）をふまえて具体的に話しているのが Good。志望校の特色を事前によく調べておこう。

😖 **NG回答例** ▲

担任の先生から受けるように勧められました。家からも近くて通いやすいので、親も賛成してくれました。

面接官の評価

学校が家から近いだけでは、自分から進んでこの高校に入りたいという意欲がみえない。

Q8 >>> 本校の魅力や特色はどのようなところだと思いますか？

😊 **好感回答例** ◎

中学校の先輩から、自由な校風で学校が楽しいと聞いていました。昨年の文化祭におじゃましましたときも、生徒のみなさんが、規律がある中でのびのびと自由に活動しているのが、こちらの学校のよさだと思いました。

面接官の評価

校風を語る場合に、実際に見て感じたことなどを話しているので、説得力が出ている。学校案内などの丸暗記ではなく、体験をもとにした自分の言葉で語れるとよい。

😞 **NG回答例** ▲

制服がかわいくて昔からあこがれていました。校舎も新校舎になって、学校見学に来たとき、すごいなと思いました。

面接官の評価

制服や校舎だけだと、うわべしか見ていない感じになる。施設面を理由とするなら、それを利用してどんな活動をしたいかまで伝えよう。

あなたの回答

次の質問に対して、あなたの回答を書きましょう。
また、本番を意識して、声に出して言ってみましょう。

Q7 >>> 「あなたはなぜ、本校を志望しましたか?」

_____

_____

_____

_____

Q8 >>> 「本校の魅力や特色はどのようなところだと思いますか?」

_____

_____

_____

_____

これで👍カンペキ!

1 志望理由は事前にまとめておく

学校の伝統・校風、教育方針・教育内容、大学進学実績、施設・設備、知人の評判などがあげられるが、理由は一つか二つに絞ったほうが話もすっきりとまとまり、印象も強くなる。

2 入学意欲を強くアピールしよう

面接で最も重視されるのは、熱意ややる気。それを上手に伝えるためにも、学校案内に書いてある特色をただ丸暗記して話すのではなく、自分の言葉で説明できるようにしておこう。

○○という校風にひかれました!

08 志望理由②

Q9 >>> なぜこの学科（コース）を選んだのですか?

☺ 好感回答例 ◎

将来はロボット製作者になりたいと思っているからです。この学科では、最先端のコンピュータ技術を学ぶことができるので、ロボット作りに生かせる専門知識や技術をしっかりと身につけたいと思います。

面接官の評価

専門学科の場合は、学科の特色をよく調べておかないと、質問されたときに困ってしまう。その学科が、どういう人材を育成しようとしているかも重要。

☹ NG回答例 ▲

普通科でもよかったんですけど、国際コースだと英語の時間が多いので、英語ができるようになれば大学受験にも有利だと思って選びました。

面接官の評価

「どっちでもよかった」という言い方では、やる気が感じられない。「有利」という言葉も打算的でイメージが悪いので「役立つ」くらいにしておこう。

Q10 >>> なぜ女子校（男子校）である本校を選んだのですか?

☺ 好感回答例 ◎

女子の伝統校で、自立した女性を育てるという教育方針にひかれました。礼儀やマナーなどのしつけ教育が行われているのも女子校ならではだと思います。私もこちらの学校で心身ともに一層成長していきたいと思います。

面接官の評価

共学化が進む風潮にあって、あえて女子校、男子校を選んだのはなぜか、理由をはっきり説明できるのが Good。志望校の特色をふまえて話すようにしよう。

☹ NG回答例 ▲

女子校でしか得られない経験をたくさん積みたいと感じたからです。

面接官の評価

「女子校でしか得られない経験」が何なのかがわからず、漠然としすぎている。具体的に例示できるようにしよう。

あなたの回答

次の質問に対して、あなたの回答を書きましょう。
また、本番を意識して、声に出して言ってみましょう。

> Q9 >>> 「なぜこの学科（コース）を選んだのですか?」
>
> --
>
> --
>
> --
>
> --

> Q10 >>> 「なぜ女子校（男子校）である本校を選んだのですか?」
>
> --
>
> --
>
> --
>
> --

これで👍カンペキ！

1 志望校の特色をふまえた志望理由をのべる

数ある学校の中からなぜこの学校を選んだのか、教育方針や特色をよく調べて、自分が入学したいという意思を具体的にアピールできるようにしよう。

2 将来の進路も考えておく

なぜこの学科を選んだのかを、自分の言葉で説明できるようにしておこう。将来なりたい自分像を描き、それを実現するためにこの学科を選ぶという流れに落とし込むと説明しやすい。

09 志望理由③

Q11 >>> 推薦で受験しようと思ったのはなぜですか?

☺ 好感回答例 ◎

以前からこちらの学校にあこがれていて、どうしても入学したかったからです。はじめから、推薦で挑戦しようと決めていました。不合格になっても、どうしてもこちらの学校に入学したいので、一般入試でもう一度挑戦します。

面接官の評価

推薦入試の場合は特に熱意が重視される。どうしてもこの学校に入りたいという気持ちを強くアピールしよう。

☹ NG回答例 ▲

推薦入試だと学力試験がなく、受かりやすいのではないかと思ったからです。

面接官の評価

学力試験を回避するためだけに推薦入試を受けたと思われてしまう。「どうしてもこの高校に入りたい」という熱意が伝わるよう工夫して回答しよう。

Q12 >>> 本校を志望することについて、だれかに相談しましたか?

☺ 好感回答例 ◎

中学校の担任の先生と親に相談しました。先生からはもう少し勉強をがんばるように言われましたが、親も受験に賛成して、励ましてくれました。

面接官の評価

受験校の決定に関しては親の了解を得ておくことが必要。中学校の先生にも意見を聞いておくこと。親や家族も応援してくれていることを伝えておくといいだろう。

☹ NG回答例 ▲

仲のいい友達もここを受けると言っていて、二人で相談して決めました。

面接官の評価

志望動機が「友達と同じ学校を受ける」ことだと受け取られてしまい、主体性を感じにくい。また、保護者や先生の了承を得た受験なのかがわからないのもよくない。

あなたの回答

次の質問に対して、あなたの回答を書きましょう。
また、本番を意識して、声に出して言ってみましょう。

> Q11 >>> 「推薦で受験しようと思ったのはなぜですか?」
>
> --
>
> --
>
> --
>
> --

> Q12 >>> 「本校を志望することについて、だれかに相談しましたか?」
>
> --
>
> --
>
> --
>
> --

これで👍カンペキ!

1 きちんと練られた志望理由を述べる

「推薦入試なら学力試験がない」「友達も同じ学校を受験する」などは、正直な理由かもしれないが、それをうっかりそのまま言わないようにしよう。自分が熱意を持ってこの学校を志望していることを、面接官にわかってもらえるように説明することが大切。

2 家族や学校に理解が得られていることをアピールする

進路について、日ごろから周りの大人ときちんと相談し、理解が得られているかどうかを分かってもらえるようにしよう。ただし、大人に勧められたから受験するなど人任せな印象にならないよう伝えることも重要。

10 高校でやりたいこと・将来の進路①

対策POINT
入学後の目標を持っているか、高校生になる自覚や、高校生活への意欲を問われる質問。志望理由や学校の特色と結びつけて、具体的に、前向きな姿勢を示そう。

Q13 >>> 入学したら、高校生活でどのようなことに取り組みたいと思いますか?

☺ 好感回答例 ◎

生徒会活動に取り組みたいです。中学校での生徒会は有意義なものでした。この学校の特色である「自主性」を発揮できるように企画展をするなど積極的に取り組みたいと思っています。

面接官の評価

高校生活に意欲的に取り組もうとする姿勢がみえて Good。学校の特色と結びつけて、できるだけ具体的に答えられている点もよい。

☹ NG回答例 ▲

友達作りです。早くクラスになじんで、気の合う友達を見つけたいです。都心にある学校なので、学校帰りには友達といろんなところへ行ってみたいです。

面接官の評価

遊ぶことしか考えていない印象を受ける。友達を作りたいというのはいいので、高校生活を通して生涯の友となる関係を築きたいなどとまとめておけるとよい。

Q14 >>> 高校を卒業後、どのような進路を考えていますか?

☺ 好感回答例 ◎

はっきりとは決めていませんが、福祉系の大学への進学を考えています。こちらの学校では手話が学べることやボランティア活動も盛んなので、自分に合う分野を見つけ、具体的に考えていきたいと思います。

面接官の評価

まだ決まっていない場合でも、興味や関心を持っている事柄(ことがら)を話せているところが Good。自分のやりたいことの準備がこの高校でできるというところを示そう。

☹ NG回答例 ▲

特にこれといってはないですけど、大学は出ておいたほうがいいと言われるので、進学したいです。

面接官の評価

目的もないのに、ただ進学するというのはマイナスイメージ。これだと高校での勉強意欲や活動への積極性も疑われてしまう。

あなたの 回答

次の質問に対して、あなたの回答を書きましょう。
また、本番を意識して、声に出して言ってみましょう。

> **Q13** >>> 「入学したら、高校生活でどのようなことに取り組みたいと思いますか?」

> **Q14** >>> 「高校を卒業後、どのような進路を考えていますか?」

これで👍カンペキ!

1 高校生活への抱負を具体的に

その高校で何を学びたいか、どういう活動をしたいかを、学校の特色や将来の希望と結びつけて、できるだけ具体的に答えよう。

2 受け身ではなく、前向きな姿勢で

中学時代の延長でさらにこうしたい、または中学時代の反省からこうしたいなど、具体的な理由をあげて、向上心を伝えよう。前向きな姿勢をみせることが必要で、「考えていない」という回答にならないように。

11 将来の進路②

Q15 >>> 将来の進路をなぜそのように考えましたか？　だれかと相談しましたか？

☺ 好感回答例 ◎

昔から両親とボランティア活動に参加してハンディキャップのある方々の力になりたいと思っていました。両親にも将来福祉の仕事をしたいと話しており，そのための進学も応援してくれています。

面接官の評価

興味を持ったきっかけまでしっかりと話せていてとてもよい。家族に将来の夢を応援してもらっていることも、身近な人に相談できていることがわかり好印象を与える。

☹ ＮＧ回答例 ▲

友達もみんな進学すると言っているからです。相談は特にだれにもしていません。

面接官の評価

周囲が進学するという理由では、自分の意思や目的を持っていないと言っているようなもの。また、進路に関してはまずは両親など家族と話し合っておくことが大事。

Q16 >>> 希望する進路に進むために、入学したらどのような学習や活動をしようと思いますか？

☺ 好感回答例 ◎

将来は幼稚園の先生になりたいので、２年生からのコースで保育・福祉を選択し、幼稚園での実習などを通して、子供とのかかわり方などを学びたいと思います。

面接官の評価

学校の特色をよく理解しており、それが自分の考えている進路にどう生かされるかが伝わってくる。自分のやりたいことの準備がこの学校でできるというところを示せており Good。

☹ ＮＧ回答例 ▲

まだ進路が決まっていないので、とりあえず高校では後悔しないように勉強と部活をがんばりたいです。

面接官の評価

進路が決定していなくても、どんな方向性に興味があるかは話せるようにしておこう。また、単に勉強と部活動をがんばるで終わらずに、もっと具体的な学習や活動の内容を述べるようにしよう。

あなたの回答

次の質問に対して、あなたの回答を書きましょう。
また、本番を意識して、声に出して言ってみましょう。

> Q15 >>> 「将来の進路をなぜそのように考えましたか?
> だれかと相談しましたか?」

> Q16 >>> 「希望する進路に進むために、入学したらどのような学習や活動をしようと思いますか?」

これで👍カンペキ!

1 高校生活の先の進路についても考えておこう

現段階ではまだ高校入試のことで頭がいっぱいかもしれないが、高校生活の次のステップについても考えておきたい。進学なのか就職なのか、進学ならどの方向に進みたいのかというイメージをある程度固めておくこと。

2 将来の夢や進路と高校生活を結びつけられるように

将来の夢や進路のために、高校でどのようなことに取り組むつもりなのか、自分の言葉で説明できるようにしておこう。

12 将来の進路③

Q17 >>> 進学希望の場合、本校の併設大学への進学を考えていますか？ 希望の学部はありますか？

😄 好感回答例 ◎

はい。弁護士になるのが夢なので、法学部に進学して、司法試験をめざして勉強したいです。入学できたら、希望の学部へ推薦されるように、しっかり勉強しようと思っています。

面接官の評価

併設大学の学部や学科への理解もあるところが Good。他大学への進学希望の有無をはっきりと示したほうがなおよい。

😕 NG回答例 △

はい。併設大学への進学のほうが合格しやすいと聞いたことがあるからです。進学しやすい学部を希望しています。

面接官の評価

進学しやすいということを理由に希望することはマイナスイメージ。将来の夢や進路と結びつけて、希望の有無をはっきりとさせておこう。

Q18 >>> 将来、どのような職業に就きたいと思っていますか？ 将来の夢を聞かせてください。

😄 好感回答例 ◎

得意な英語を高校でより力をつけ、それを生かせる職業に就きたいと思っています。できれば個人でも活躍できる通訳や翻訳家などになりたいです。海外で活躍することが私の夢です。

面接官の評価

本当にやりたいと思っている気持ちが素直に伝わってくる。無理に背伸びしたことを答えるよりも、本心を伝えるほうが表情もイキイキしてみえる。

😕 NG回答例 △

夢は特にありません。将来の職業はまだわかりません。

面接官の評価

まだ具体的に決まっていないなら、あこがれている仕事や興味のあることをあげましょう。「ありません」「わかりません」だけでは印象が悪い。

あなたの回答

次の質問に対して、あなたの回答を書きましょう。
また、本番を意識して、声に出して言ってみましょう。

Q17 >>> 「進学希望の場合、本校の併設大学への進学を考えていますか？　希望の学部はありますか？」

Q18 >>> 「将来、どのような職業に就きたいと思っていますか？　将来の夢を聞かせてください。」

これで👍カンペキ！

1 進学希望の場合は学部・学科の研究も

　大学志望の場合は、学部・学科まで調べ、具体的な希望が言えるようにしておこう。付属高校を受験する場合は、併設大学への進学が原則なのか、他大学進学に力を入れているのかどうかなど、学校ごとの特色をよく調べておこう。

2 将来の夢は堂々と語ろう

　中学校卒業の段階では、まだ進路がはっきりしていない人も多いだろう。しかし、「特にありません」「わかりません」では、夢のない生徒と思われ、印象がよくない。あこがれや興味だけでもいいから、自分の夢や希望について、堂々と語れるようにしておきたい。

13 受験校について①

対策POINT どのくらい興味を持って受験校をみているか、一度でも学校見学などに来たことがあるかといった関心度を問う質問。説明会には可能な限り参加し、学校をよく知ろうとしたという熱意を示そう。

Q19 >>> 本校の校舎や施設にどのような印象を持ちましたか?

😊 好感回答例 ◎

グラウンドが広くて、自然豊かなことに驚きました。情報室や温水プールなどの施設も充実しており、すばらしい環境の中で高校生活を過ごしたいと思いました。

面接官の評価

関心を持って学校のことをよくみていることが伝わります。特色ある施設などは意識してチェックしておくこと。在校生に対する印象などを語るのもよい。

😖 NG回答例 ▲

やはり中学校とは違うなと思いました。

面接官の評価

どのようなところが中学校と違うと思ったのかを具体的に語れるようにしよう。

Q20 >>> 本校は自由な校風ですが、それをどう思いますか?

😊 好感回答例 ◎

自由な校風も、こちらの学校を志望した理由の一つです。生徒のみなさんがとてものびのびとしていると思いました。ただ、自由だからこそ自分で判断しなければならないことが多いと思うので、その部分は高校生活を通して学んでいきたいです。

面接官の評価

在校生のようすなどにふれて感想を言えているところが好印象。この学校で自分はどういう生活を送りたいかまで話せるとよい。

😖 NG回答例 ▲

私は校則などにしばられるのはきらいなので、自由な校風というのはとてもいいと思います。

面接官の評価

厳しいのが嫌だから、「自由がいい」という回答は印象がよくない。「自由な校風」とは何を目指しているのか、ということをしっかりと考えておこう。

あなたの回答

次の質問に対して、あなたの回答を書きましょう。
また、本番を意識して、声に出して言ってみましょう。

> Q19 >>> 「本校の校舎や施設にどのような印象を持ちましたか?」

> Q20 >>> 「本校は自由な校風ですが、それをどう思いますか?」

これでカンペキ!

1 受験校について徹底的に調べる

受験校に関する質問は、「その高校にどれだけ興味を持っているか」=「入学意欲をみる」ためのもの。何を聞かれても「わかりません」「知りません」と答えることのないように、よく調べておこう。

2 「行きたい」高校であることをアピール

受験校についての印象を聞かれてマイナスのことを話すのは、この高校には魅力を感じないと言っているのと同じ。その高校の特色をきちんととらえたポジティブな印象を述べて、入学したいという熱意を持っていることを示そう。

14 受験校について②

Q21 >>> 本校の校則について説明を聞いたと思いますが、どんな印象を持ちましたか?

😊 好感回答例 ◎

基本的なルールの遵守(じゅんしゅ)を重んじている校則だと思いました。生徒のみなさんが礼儀正しいのも、こちらの学校の校則が無理なく守られているからだと思います。

面接官の評価(ひょう)価

校則に対してポジティブにとらえていることが好印象。実際の生徒の印象も加味して意見を述べているところもよい。

😐 NG回答例 ▲

少し厳しすぎる印象を持ちました。

面接官の評価(ひょう)価

「厳しすぎる」で終わらず、「厳しいという印象を受けましたが、良い社会勉強になると思います」などの前向きにとらえている姿勢を示せるようにしよう。

Q22 >>> 本校の生徒や制服の印象はどうでしたか?

😊 好感回答例 ◎

みなさんの服装がきちんとしていて、明るくて、さわやかな印象を受けました。制服は清潔なイメージで学校の雰囲気(ふんいき)にも合っていると思います。以前からあこがれていた制服なので、私もぜひ着てみたいです。

面接官の評価(ひょう)価

在校生が制服と学校のイメージを体現しているように話せていてとてもよい。自分も着てみたいと話すことは、入学したいという思いを伝えるのにとても効果的。

😐 NG回答例 ▲

あいさつの声が大きく、うるさい人が多い印象を受けました。制服は中学校と同じような制服なので、少し残念に感じています。

面接官の評価(ひょう)価

「うるさい」「残念」などのワードはネガティブな印象を与える。「うるさい」→「元気な人が多い」、「残念」→「親しみやすい」などのポジティブなワードで話せるとよい。

あなたの回答

次の質問に対して、あなたの回答を書きましょう。

また、本番を意識して、声に出して言ってみましょう。

> Q21 >>> 「本校の校則について説明を聞いたと思います
> が、どんな印象を持ちましたか?」

> Q22 >>> 「本校の生徒や制服の印象はどうでしたか?」

これで👍カンペキ!

1 校則についても可能な限り調べておく

校則は募集要項やホームページにも掲載されていないことも多い。実際に通っている先輩や入試説明会などの機会を通して情報を入手しておこう。

2 学校の求める生徒像を理解しておく

受験校について調べたら、その高校がどんな生徒を求めているのかもわかってくる。その学校に自分が合っているということをアピールするためにも、受験校に関する質問には前向きな姿勢で答えよう。

15 受験校について③

Q23 >>> 本校では毎日礼拝があります。宗教行事も多いですが、このことをどう思いますか?

☺ 好感回答例 ◎

宗教教育を通じて考えや思想が深まるのではないかと思っています。キリスト教による人間教育を受けることに両親も賛成してくれていますので抵抗はありません。

面接官の評価

私立では宗教教育を教育の柱としているところも多い。受験する場合は、行事への参加を前提に話すこと。両親も賛成していることを伝えよう。

☹ NG回答例 ▲

宗教行事があることは知りませんでした。宗教にはあまり良い印象はありません。

面接官の評価

宗教については、説明会や学校案内などで必ず説明があるので、知りませんという回答はよくない。行事への参加を前提に、両親とも事前に話をしておくことが必要。

Q24 >>> 自宅から本校までに、どのくらい時間がかかりましたか? 交通手段も合わせて話してください。

☺ 好感回答例 ◎

バス停の□□前から〇〇駅までが15分ほどかかり、〇〇駅から△△駅までは電車で、乗り換えを含めて30分くらいです。学校までは歩いて5分くらいですから、合計で約50分です。

面接官の評価

乗り換えを含め、トータルで何分くらいかかるかしっかり把握できており Good。あまり細かく説明すると長くなるので、乗り換え駅などは省略し、交通手段ごとにまとめて説明するようにしよう。

☹ NG回答例 ▲

だいたい40分くらいと母に聞きました。交通手段はバス、電車、徒歩です。

面接官の評価

自分で確認をしていないというのは印象がよくない。また、交通手段が複数ある場合、交通手段ごとの時間まで把握できているほうがなおよい。

あなたの回答

次の質問に対して、あなたの回答を書きましょう。

また、本番を意識して、声に出して言ってみましょう。

> Q23 >>> 「本校では毎日礼拝があります。宗教行事も多いですが、このことをどう思いますか?」

> Q24 >>> 「自宅から本校までに、どのくらい時間がかかりましたか? 交通手段も合わせて話してください。」

これで👍カンペキ!

1 宗教教育についてはしっかり調べておく

　私立校では宗教教育をその学校の根幹（こんかん）としているところが多いので、それについてマイナスの意見を述べることは、自分がその学校の教育理念に賛同していないと表明することになってしまう。教育理念に合わない生徒であると判断されないよう、あらかじめ調べたうえで、前向きな意見を述べること。

2 通学方法は簡潔に。遠距離通学の場合は強い意志を示す

　あらかじめ利用する交通機関名や駅名を調べ、スラスラと説明できるように練習しておくこと。遠距離通学になる場合は、3年間通い続ける覚悟があることを強くアピールしよう。その意志があれば不利にはならないので、通学時間をごまかしたりしないように。事前に登下校時間帯のラッシュの状況や乗り換えのぐあいを調べておき、緊急時などの対処法も考えておけば、説得力も増す。

16 他校受験

対策POINT　入学の希望順位を確かめ、合格者のうち、どのくらいの受験生が実際に入学するのかを予測するための質問。第一志望ならはっきりとアピールしよう。併願の場合はうそをつかずに正直に伝えよう。

Q25 >>> 本校以外に、受験した学校はありますか？　また、どのような考えでその学校を受験したのですか？

☺ 好感回答例 ◎

将来、海外で活躍したいと考えているので、英語教育に力を入れている〇〇高校と△△高校も受験しましたが、こちらの学校が第一志望です。2年生から英語特進コースが選べるこちらの学校にぜひ入りたいです。

面接官の評価

何を基準に志望校を選んでいるかが明確でよい。その中でも第一志望であることをしっかりとアピールできており、入学意欲が強いことを示せている。

☹ NG回答例 ▲

〇〇高校を受けました。△△高校も受ける予定で、この2校はすべり止めです。

面接官の評価

正直に答えているのはよいが、「すべり止め」「安全校として」など、その高校を低くみているような言い方は避けよう。

Q26 >>> 受験校のいずれにも合格した場合、どうしますか？

☺ 好感回答例 ◎

こちらの学校が第一志望なので、他校は辞退します。国際交流の活発なこちらで実践的な英語を勉強したいという気持ちが強いので、ぜひ入学したいです。

面接官の評価

第一志望であることをはっきりと伝え、入学する意志が固いことを示せている。志望理由にふれながら、入学への意欲が高いこともアピールできている。

☹ NG回答例 ▲

公立が第一志望で、〇〇高校が第二志望です。両方とも不合格だったら、仕方がないのでこの学校に入学します。

面接官の評価

「仕方がないので」という言い方は、この学校に入りたくないと言っているようなもの。たとえ第三、第四志望でも、入学したらがんばるという気持ちをみせよう。

あなたの回答

次の質問に対して、あなたの回答を書きましょう。
また、本番を意識して、声に出して言ってみましょう。

Q25 >>> 「本校以外に、受験した学校はありますか？　また、どのような考えでその学校を受験したのですか？」

Q26 >>> 「受験校のいずれにも合格した場合、どうしますか？」

これで👍カンペキ！

1 入学の意志は正直に伝えよう

高校側も入学者数を予測するために聞いているだけで、第一志望でなければ不利になるということはほとんどない。そのため、第一志望でない場合でも、うそをついたりごまかしたりしないで、正直に答えるほうが好ましい。

2 第一志望でなくても意欲をみせよう

たとえ本命校でなくても、他校が不合格になれば入学することになる。入学した場合、勉強や高校生活に意欲的に取り組む気持ちがあることをアピールしておこう。その高校をバカにしたような言い方や、他校と比較するような発言は絶対にしないこと。

第一志望じゃないけど 本気！

17 中学校生活の思い出や生徒会・委員会活動①

対策POINT 中学時代を充実して過ごしていたか、また学校生活ではどんなことに力を入れて取り組んでいたかを問われる質問。自分の体験を交え、感動が伝わるように表現しよう。

Q27 >>> 中学校生活で印象に残っているのはどんなことですか?

☺ 好感回答例 ◎

京都・奈良への修学旅行です。班別の自由行動では、自分たちで計画を立てて回り、楽しい思い出となりました。また、旅行中に作った俳句が校内で優秀賞をもらったこともうれしかったです。

面接官の評価

まるで情景が浮かぶような話し方で Good。修学旅行や行事の思い出は、要点をしぼって、できるだけその時の感情や思いも交えながらイキイキと話そう。

☹ NG回答例 △

部活です。委員会活動もあって、たいへんで、でも楽しかったです。あっ、やっぱり修学旅行かな。マクラ投げを初めてやったのが印象に残っています。

面接官の評価

話は事前にまとめておこう。あれもこれもではなく、テーマは一つに絞って、具体的に話すこと。

Q28 >>> 中学で熱中して取り組んだことはどんなことですか?

☺ 好感回答例 ◎

文化祭実行委員で文化祭の準備に取り組んだことです。最初は意見をまとめるのに苦労しましたが、みんなに働きかけ、一丸となって臨むことができました。やり終えたときは今までで、いちばんの達成感を感じました。

面接官の評価

学校行事への積極的な取り組みは、いちばんのアピールポイント。体験で学んだことを具体的に話せており、Good。

☹ NG回答例 △

勉強です。学校が終わるとすぐに塾へ行き、家に帰ってからも毎日遅くまで勉強しました。

面接官の評価

勉強だけでは、あまり良い印象にならない。勉強をあげるなら、苦手科目をどう克服したかなど具体的に取り組んだ内容を説明しよう。

あなたの回答

次の質問に対して、あなたの回答を書きましょう。
また、**本番を意識して、声に出して言ってみましょう。**

> **Q27** >>> 「中学校生活で印象に残っているのはどんなこと
> ですか?」

> **Q28** >>> 「中学で熱中して取り組んだことはどんなことです
> か?」

これで👍カンペキ!

1 相手に伝わるようないきいきした表現を!

中学校時代に体験したことを通して、学校生活に前向きに取り組む姿勢があるかどうかがみられるので、自分の体験を話すときは、具体的な内容を盛り込みイキイキとした表情で、やる気や楽しさが伝わるようにしよう。

2 体験から学んだことを話そう

「楽しかった」「おもしろかった」だけではただの感想になってしまう。体験したことだけではなく、それを通してどんなことを学んだかを説明できるようにしておく。

Q29 >>> 中学校生活で困ったり、つらかったりしたことはありましたか？　どのように乗り越え、解消しましたか？

😊 好感回答例 ◎

勉強と部活動の両立で悩んでいた時期がありました。試験と大会が重なったときはストレスも感じてつらかったですが、時間を区切って集中することと、睡眠時間を確保することで乗り越えました。

面接官の評価

困ったり、つらかったりした事柄を述べるだけでなく、それを克服するために何を意識して取り組んだのかまで説明できているところがよい。

😣 NG回答例 ▲

困ったことやつらかったことは特にありません。

面接官の評価

困ったことやつらかったことが何もないのは不自然。悲しかったことや寂しかったことでもいいので、それをどう乗り越えたのかまでしっかり話せるようにしよう。

Q30 >>> 中学校では、生徒会活動や委員会活動をしていましたか？　それらの活動を通してどんなことを学びましたか？

😊 好感回答例 ◎

はい。2年生のときに図書委員をしました。利用する生徒が少しでも便利なように、本の並べ方を工夫したり、机や椅子の配置を変えたりしました。その人の立場に立って物事を考えることの大事さを学びました。

面接官の評価

委員会で具体的にどんな活動をしていたかが述べられており、わかりやすい。自分たちで工夫したことやそこから学んだことなども盛り込まれており Good。

😣 NG回答例 ▲

何もしていませんでした。うちの中学は生徒会もあまり活発ではなかったし、やってみたい委員もありませんでした。

面接官の評価

消極的な姿勢はマイナス。「中学ではやっていませんでしたが、高校では〇〇をやってみたいです」と答えるようにしよう。

あなたの回答

次の質問に対して、あなたの回答を書きましょう。
また、本番を意識して、声に出して言ってみましょう。

Q29 >>> 「中学校生活で困ったり、つらかったりしたことはありましたか？　どのように乗り越え、解消しましたか？」

Q30 >>> 「中学校では、生徒会活動や委員会活動をしていましたか？　それらの活動を通してどんなことを学びましたか？」

これで カンペキ！

1 前向きに取り組んだことを示す

困ったことやつらかったことをどう乗り越えたか、どのような形で
成長に生かせたか、ということが伝わるように答えよう。

2 消極的な印象を与えないようにする

中学校で特記すべき活動をしていなくても、別のことに打ち込んでいた経験にふれたり、高校
ではやってみたいという姿勢をみせたりして、無気力でやる気のない生徒だと思われないように
アピールしよう。

19 中学校生活の思い出や生徒会・委員会活動③

Q31 >>> 中学校生活を振り返ってみて、今、どう思いますか? 反省点などはありますか?

😊 好感回答例 ◎

とても充実していました。勉強と部活動の両立など、たいへんなこともありましたが、自分で目標を立てて、それに向かってがんばるということができるようになりました。たまに無理をしすぎて、体調を崩してしまうことがあったため、高校ではこの反省を生かし、体調管理にも気をつけていきたいです。

面接官の評価

「充実していた」だけでなく中学校生活で成長したことも話せており Good。さらに、中学校生活での反省点を高校で改善していきたいという意気込みも語れているのでさらに印象がよい。

😣 NG回答例 ▲

楽しかったです。反省点はとくにありません。

面接官の評価

「楽しかった」だけで終わらずに、楽しかった理由や、そこから学んだことなどまで話せるようにしよう。反省点はなくても、高校でさらに力を入れたいことなどまで話せるとよい。

Q32 >>> 中学3年間で、がんばり続けたものはありますか?

😊 好感回答例 ◎

小学生のころから続けてきたダンスです。グループで踊ると仲間と一体感を感じることができます。ほかの学校のチームとも交流できて貴重な経験を得られました。高校生になると勉強や部活動も忙しくなるかもしれませんが、できる限り続けていきたいです。

面接官の評価

勉強や部活動以外にがんばったことがあれば積極的に発言しよう。経験を通じてどのような点に気づいたか、学ぶことができたかをわかりやすく説明できると Good。

😖 NG回答例 ▲

3年間、無遅刻だったことです。

面接官の評価

無遅刻だっただけでは評価にならない。たとえば早起きしてジョギングしていたなどアピールできることはないかよく考えてみよう。

あなたの回答

次の質問に対して、あなたの回答を書きましょう。
また、本番を意識して、声に出して言ってみましょう。

Q31 >>> 「中学校生活を振り返ってみて、今、どう思いますか？　反省点などはありますか？」

Q32 >>> 「中学3年間で、がんばり続けたものはありますか？」

これで👍カンペキ！

1 努力したことなどを強調しよう

学校行事や生徒会・委員会活動、部活動などに積極的に取り組んできた場合は、活動内容を話すとともに、自分がどんな努力をしてきたかを話すと良いアピールになる。そこに反省点を加えるとなおよい。

2 前向きな姿勢をみせる

特別な活動をしていない場合は、それがマイナスに取られないように、「中学ではしていなかったが、高校ではこうしたい」という話をし、高校生活への意欲をみせるようにしよう。

がんばったことをアピール！

20 部活動①

対策POINT
高校でも活動する意欲があるか、また活動を通して内面的に成長したかどうかを問う質問。成績だけではなく、活動内容や活動から得たことも話そう。

Q33 >>> 部活動をしていましたか？　また、その活動で得たことはどんなことですか？

☺ 好感回答例 ◎

陸上部で短距離をしていました。成績が伸びず、苦しい時期もありましたが、顧問（こもん）の先生や仲間から励まされて乗り越えられました。結果を残せませんでしたが、仲間と支え合うことの大切さを学びました。

面接官の評価

部活動での経験をしっかり語れていてよい。良い成績が残せていなくても、部活動を通して得たものを伝えられている点が Good。

☹ NG回答例 ▲

バスケットボール部に入っていましたが、練習がきつくて勉強と両立できなくなったので、１年のときにやめました。得たものも特にありません。

面接官の評価

勉強との両立よりも、練習がいやでやめたように思われる。高校では部活もがんばりたいという意欲をみせよう。

Q34 >>> 部活動で一番印象に残っていることは何ですか？高校では何部に入ろうと考えていますか？

☺ 好感回答例 ◎

バスケットボール部の地区大会の決勝戦です。私がシュートを決められずに負けてしまい、悔（くや）しい思いをしました。高校ではそのリベンジのために、バスケットボール部に入りたいと思っています。

面接官の評価

悔しい思い出をばねにがんばる姿勢が見られ好印象。いい成績でなくても、自分がいかに部活動に打ち込んでいたかが伝われば OK。

☹ NG回答例 ▲

勉強との両立が大変でした。そのため、高校では部活動に入る予定はありません。

面接官の評価

部活動がマイナスというように見受けられる。中学では上手くいかなかった経験を、高校では克服（こくふく）したいというように前向きな姿勢を見せよう。

あなたの回答

次の質問に対して、あなたの回答を書きましょう。
また、本番を意識して、声に出して言ってみましょう。

> **Q33** >>> 「部活動をしていましたか？ また、その活動で得たことはどんなことですか？」

> **Q34** >>> 「部活動で一番印象に残っていることは何ですか？ 高校では何部に入ろうと考えていますか？」

これで👍カンペキ！

1 部活動を通して得たことを話そう

　人間性や内面的な成長が問われるので、どんな活動をして、どんなことに苦労し、どんなことを得たか、についてポイントを絞（しぼ）って話すとよい。大会で良い成績を残した場合はアピールになるので、成績とともに、そのために努力したことなども話そう。

2 高校でも活動する意欲を示そう

　部活動に積極的に参加する意思があるかどうかは、高校生活に対する意欲にも通じる。同じ活動を続ける、または新たに入る場合も、高校ではどんな目標を持って活動したいかを述べるとよい。

21 部活動②

Q35 >>> 部活動をやっていて、つらかったことややめようと思ったことはありましたか？ そのときだれに相談しましたか？

😊 好感回答例 ◎

はい。美術部に入って間もないころは、ほかの部員と比べて自分には絵の才能がないのかと、悩みました。なかなか上達しなかったときはつらかったです。でも、同じクラブの友人に相談し、毎日いっしょにデッサンの練習を続けていたら、自分でも納得できる絵が描けるようになってきました。

面接官の評価

つらくても、そこから逃げ出さず、がんばって続けたことがアピールできている。一人で悩まずに友人に相談したことも語れていてGood。

面接官の評価

朝起きるのがつらいという印象を受ける。また、部員みんなで話していたというのは、相談ではなく、ぐちを言っているようにとらえられてしまうためマイナスイメージとなる。

😠 NG回答例 ▲

朝練がいつもつらかったです。部員のみんなで朝練つらいねとよく話をしていました。

Q36 >>> なぜ、どの部にも入らなかったのですか？

😊 好感回答例 ◎

小学校のころからスイミングクラブに通っていたので、中学校になってもそちらを続けたかったからです。

面接官の評価

入らなかった理由がはっきりと説明できていて好印象。特別な理由がないときは、高校では部活動にも積極的に参加したいという意欲を示しておこう。

面接官の評価

部活動を否定しているような印象を受ける。部活動に入らず、代わりにこれをがんばっていた、というものを話せるようにしておこう。

😟 NG回答例 ▲

部活動に入ると、自由な時間がなくなると思ったからです。

あなたの回答

次の質問に対して、あなたの回答を書きましょう。
また、本番を意識して、声に出して言ってみましょう。

> **Q35** >>> 「部活動をやっていて、つらかったことややめよ
> うと思ったことはありましたか？　そのときだれに
> 相談しましたか?」

> **Q36** >>> 「なぜ、どの部にも入らなかったのですか?」

これで👍カンペキ！

1 部活動そのものに対する否定的な意見は避ける

　つらかったとき、やめたくなったときに、どのようにそれを乗り越えたのかをしっかり話そう。また、部活動をしていなかった場合でも、「部活動がいやだったから」という理由ではなく、代わりになるような経験を話せるとよい。

2 高校ではやってみたいとアピールするのもよい

　まだ決まっていない場合でも、「わかりません」ではなく「まだはっきりとは決めていませんが、こんなことに興味があります」と前向きに語るほうが好印象となる。

　なお、上記以外にも「部活動と勉強の両立について」聞かれることもよくあるので、自分の体験をまとめておこう。

22 友人関係①

> **対策POINT**　協調性はあるか、友達とのつき合いのようすはどうかを確認する質問。仲のよい友達がいることを伝え、よい人間関係が築けることをアピールしよう。

Q37 >>> 親友と呼べる友達はいますか?

😊 好感回答例 ◎

はい、います。校外学習がきっかけで仲良くなりました。今ではどんなことでも話せる親友で、受験も励まし合ってがんばることができました。高校生になっても、変わらず連絡を取り合おうと約束をしています。

面接官の評価

数の多い少ないは問題ではなく、どういうつき合い方をしているのかが重要。今後も関係を続けていきたいという互いの意思が感じられる良い回答。

😣 NG回答例 ▲

親友と呼べるような友達はいません。別に必要ないかな、と思っています。

面接官の評価

「親友がいらない」という回答は協調性がないように思われてしまう。いない場合は、「高校に入って見つけたい」というような前向きな発言をしよう。

Q38 >>> 友達とはどんなことを話しますか?

😊 好感回答例 ◎

以前はテレビドラマやおすすめの動画の話などをよくしていましたが、最近はやはり受験のことが多くなって、将来の話などもするようになりました。

面接官の評価

生徒らしい話題と、真剣な話題をどちらもあげているところが好印象。ふだんのようすを正直に話せばよいが、真面目な話も一つくらいは入っていると印象がよい。

😣 NG回答例 ▲

いろいろ話しますが、ゲームの話が中心です。

面接官の評価

ゲームのどんな話をしているのか、もう少し詳しく話せるほうがよい。具体的にいくつか話題をあげられるようにしよう。

あなたの回答

次の質問に対して、あなたの回答を書きましょう。
また、本番を意識して、声に出して言ってみましょう。

Q37 >>> 「親友と呼べる友達はいますか?」

Q38 >>> 「友達とはどんなことを話しますか?」

これで👍カンペキ!

1 友達のことは積極的に話そう

　友達関係を通して、受験生の人柄や協調性などを知ろうとしている。自分には仲のよい友達がいること、その友達とどんなつき合いをしているかなどを積極的に話すようにしたい。

2 「友達がいない」はマイナス

　もし、特別に親しい友達がいなくても、「いない」と答えてしまったら、協調性がなく、孤独な印象を与えてしまう。その場合は、「Aさんとは共通の趣味があって気が合う」「明るくてだれにでもやさしいBさんのようになりたい」など、好きな友達について語るといいだろう。

23 友人関係②

Q39 >>> 友達とコミュニケーションをとるときに大事にしていることはどんなことですか?

☺ 好感回答例 ◎

自分の意見ばかりを押しつけないことです。まずは相手の話を聞いてから、自分の話をするように心がけています。

面接官の評価

相手のことを尊重しようという気持ちが伝わる良い回答。自分がふだん意識していることを一つあげて話すようにしよう。

☹ NG回答例 ▲

あまり考えたことはありません。特に気にしなくてもコミュニケーションはうまく取れています。

面接官の評価

友達とのつき合いについて真剣に考えていないように思われる。これだと、うぬぼれが強い人のように思われてしまう。

Q40 >>> 友達とけんかをしたことはありますか? どのようにして仲直りしますか?

☺ 好感回答例 ◎

はい。3年生のはじめに、いちばん仲の良かった友達とけんかをしてしまい、しばらく口もきかない日が続き、気まずい思いをしました。そのときは、思いきって私のほうから声をかけて話をしたら、お互いの勘違いだとわかって仲直りすることができました。

面接官の評価

けんかをしたとき、自分はどう思ったのか、その後、関係はどうなったのか、どう解決したかがきれいにまとまっており Good。

☹ NG回答例 ▲

あります。私が貸した漫画をなくしたんです。許せませんでした。いまだに仲直りできていません。謝ってくるまで絶対に許しません。

面接官の評価

相手に原因があったとしても、許そうとする気持ちが大切。これだと心が狭いように感じられ、協調性も疑われてしまう。

あなたの回答

次の質問に対して、あなたの回答を書きましょう。
また、本番を意識して、声に出して言ってみましょう。

Q39 >>> 「友達とコミュニケーションをとるときに大事にしていることはどんなことですか?」

Q40 >>> 「友達とけんかをしたことはありますか?　どのようにして仲直りしますか?」

これで👍カンペキ!

1 友達のことは事前によく考えておく

　普段から接している友達との関係は、いざ質問されると答えにくいもの。仲良くするにはどのようなことを心がけているか、相手からされると気分がよくなることなどを事前にしっかり考えておこう。

2 けんかのあとに、どのように仲直りしたか思い出そう

　ふだんは仲が良い友達であっても、ときにはけんかはすることがあったかもしれない。問題が起きたときどのように解決するかの力を確認されるので、自分の経験を振り返っておこう。

24 友人関係③

Q41 >>> 心配事や悩み事があるときは、まずだれに相談しますか?

☺ 好感回答例 ◎

親しい友達に話を聞いてもらうことが多いですが、友達に話しづらいことは母に相談します。

面接官の評価

悩み事の種類によって、相談相手を分けているところがとてもよい。頼れる人が周りに多くいて、良い人間関係が築けていることがよくわかる。

☹ NG回答例 ▲

人に相談することはめったにありません。自分で解決します。

面接官の評価

周りを信頼していないように聞こえてしまう。他人を切り捨てるような回答にならないように注意が必要。

Q42 >>> きらいな人や苦手と思う人はどんなタイプの人ですか? その人と仲よくするにはどうすべきだと思いますか?

☺ 好感回答例 ◎

すぐに人の悪口を言うような人は苦手だと感じます。そういう人とはできるだけ、人の悪口を言わないような話題を選んで話をするように心がけます。また、その人のためにも「悪口を言うのはよくないよ」と伝えたいと思います。

面接官の評価

苦手なタイプの人とも真剣に向き合おうとしていることが伝わるので好印象。コミュニケーション力が高いことがわかる良い回答。

☹ NG回答例 ▲

自己中心的な人です。どうしても仲よくすることができません。

面接官の評価

苦手な人と「仲よくできない」で終わってしまうことはよくない。苦手な人とどのようにつき合っていこうとしているのかを知りたいので、前向きな姿勢をみせよう。

あなたの回答

次の質問に対して、あなたの回答を書きましょう。
また、本番を意識して、声に出して言ってみましょう。

◎ **Q41** >>> 「心配事や悩み事があるときは、まずだれに相談しますか?」

- -

- -

- -

- -

◎ **Q42** >>> 「きらいな人や苦手と思う人はどんなタイプの人ですか?　その人と仲よくするにはどうすべきだと思いますか?」

- -

- -

- -

- -

これで👍カンペキ!

1 信頼できる相談相手がいることを示す

何か相談したいことができたとき、ちゃんと相談に乗ってくれるような関係を築けているかどうかを問われている。友達に限る必要はないが、信頼できる相談相手が身近にいることを答えよう。

2 苦手なタイプだからとシャットアウトしない

苦手なタイプの相手との関わり方にこそ、協調性、コミュニケーション力が問われる。特定の人を意識して攻撃するような発言は避け、穏やかにつき合っていきたいという姿勢をみせること。

25 欠席・遅刻の理由

対策POINT　中学での欠席や遅刻は、やむを得ない事情があってのことか、高校生活は休まずに続けられるかを確認する質問。事情があった場合は正直に、具体的に理由を説明しよう。高校では遅刻や欠席をしないという強い意志を示そう。

Q43 >>> 10日間の欠席がありますが、理由を教えてください。

😊 **好感回答例 ◎**

1学期に胃腸炎になり、5日間休みました。2学期に祖父が亡くなり、2日間忌引きのあと3日は風邪をひいて休みました。熱は1日で下がりましたが、受験前だったので症状がなくなるまで休みました。

 面接官の評価

病名やその完治にどれくらいかかったかを詳しく話せておりGood。忌引きに関しても、だれが亡くなったのかを説明しているので休みすぎていないかが明確になっていて印象がよい。

😣 **NG回答例 △**

風邪をこじらせたり、足をくじいたりしてときどき休みました。

 面接官の評価

あいまいな答えで、サボりかもしれないと受け取られてしまう。体調不良や、ケガの場合は時期や期間を明確に伝えるようにしよう。

Q44 >>> 遅刻が多いのはなぜですか？ 高校では克服できますか？

😊 **好感回答例 ◎**

一時期頭痛に悩まされ、朝起きられないときがありましたが、何とか乗り越えました。高校生活では体調管理に注意したいと思っています。

 面接官の評価

素直に理由を説明し、それを悩みながらも何とか乗り越えたことが話せているのでよい。また、高校生活に向けて、前向きな姿勢も見られるため印象よく締めくくられている。

😣 **NG回答例 △**

バスで通学しているのですが、いつも渋滞していて、時間通りに着かないんです。高校通学にもバスは使用しますが、道が違うので大丈夫かと思います。

 面接官の評価

いつも渋滞しているなら、もう少し早めに家を出ればよく、遅刻の正当な理由にはならない。高校でも電車やバス通学なら、なおのこと印象が悪くなる。

あなたの回答

次の質問に対して、あなたの回答を書きましょう。
また、**本番を意識して、声に出して言ってみましょう。**

> Q43 >>> 「10日間の欠席がありますが、理由を教えてください。」

> Q44 >>> 「遅刻が多いのはなぜですか？　高校では克服できますか？」

これで👍カンペキ！

1 理由を説明できるようにしておこう

　病気やケガなどの正当な理由による欠席・遅刻は、それをしっかり説明できるようにしておく。高校によっては基本的な生活習慣ができているかを重視するところもあり、特に私立では遅刻の理由があいまいだと印象が悪くなる。そのため、説明するときの態度も大事。いやそうな答え方や、自信のない話し方にならないようにしよう。

2 高校では大丈夫という強い意志を

　不登校や、特殊な病気が原因の場合は、「今はもう大丈夫」であることを強調しよう。高校では、欠席・遅刻をしないで通い続けるという強い意志を示しておくことも必要。「遅刻を減らすにはどうすればいいか」「どういう遅刻なら許されると思うか」などの質問に対しても、回答を用意しておきたい。

26 自分の性格①

対策POINT

受験生はどんな人柄(ひとがら)か、自分の長所や短所をどのくらい客観的にみることができているかを確認する質問。自分のアピール材料をしっかりとまとめ、長所だけではなく、短所とのバランスも考えて説明しよう。

Q45 ››› あなたは、自分をどのような性格だと思いますか?

好感回答例◎

責任感が強くて、一度決めたことは最後までやりぬくねばり強さがあると思います。ただ、慎重(しんちょう)なところもあり、行動するまでに時間がかかることがあるので、高校に入ったら、もっと積極的に行動していきたいと思っています。

面接官の評価

長所だけのアピールにならず、短所と思うところもバランスよく話せているのがGood。高校に入ったあとのことまで話せているのがなおよい。

NG回答例△

性格はふつうで、特に目立つようなことはありません。

面接官の評価

「ふつう」ではよくわからない。具体的なことを一つはあげられるようにしたい。友達や親からはこう言われる、自分ではこう思う、とまとめるのもよいだろう。

Q46 ››› 周りの人からは、どのような性格だと言われますか?

好感回答例◎

明るくて活発だとよく言われます。部活動の練習でも、いつも声を出してみんなを盛り上げていたので、先生からムードメーカーだと言われていました。

面接官の評価

「〇〇と言われる」だけではなく、だれに言われるのか、どんなときに言われるのか、具体的な体験をもとに語ることができており、イメージが伝わりやすい。

NG回答例△

自己中心的と言われたことがあります。

面接官の評価

「自己中心的」ではなく、「意志が強い」「芯がある」などポジティブな言葉で伝える。また、だれに、どんな時に言われたのかも答えられるとなおよい。

あなたの回答

次の質問に対して、あなたの回答を書きましょう。
また、本番を意識して、声に出して言ってみましょう。

Q45 >>> 「あなたは、自分をどのような性格だと思いますか?」

Q46 >>> 「周りの人からは、どのような性格だと言われますか?」

これで👍カンペキ!

1 好印象を与える言葉で語ろう

性格についての質問は、長所をあげて答えるのが基本。自己分析を行い、強みだと思えるところを明確にしよう。説明は抽象的にならないよう、できるだけ具体的に、体験やふだんの行動を交えて話すとイメージが伝わりやすい。

2 自分の意見と他者からの意見が矛盾しないように

「自分から見た自分」と「他人から見た自分」が大きく違っていると、内容に説得力が出てこない。ちぐはぐな印象を与えないよう、あらかじめ内容をきちんと練っておくこと。

27 自分の性格②

Q47 >>> あなたはどのような人物ですか？　そのことがわかるように自己PRをしてください。

😊 好感回答例 ◎

私は活動的なタイプだと思っています。中学校生活において学校行事や部活動など、何事にも積極的に取り組んできました。友人からも「活動的」とよく言われます。高校に入学してもその性格を生かしてあらゆることに積極的に取り組んでいきたいと思います。

面接官の評価

自分の特性を具体的に語っており、しっかりと自己PRができている。入学後の意欲もうかがえる答えで Good。
「自己PRを1分間でしてください」と時間を示されることがある。1分間だと400文字くらいなので、練習しておくのもよい。

😣 NG回答例 △

特に自慢できるようなことはなく、あえてあげると、漢字検定3級と英語検定3級を持っていることです。自分がどのような人物なのかはよくわかりません。

面接官の評価

これでは、人物像を語ったことにならない。「自己PR」は自分を売り込むためのものなので、特技（特性）を話せるようにしておこう。

Q48 >>> あなたの長所だと思うところを教えてください。

😊 好感回答例 ◎

いつも前向きに考えるようにして、あまりクヨクヨしないところが長所だと思います。友達からは能天気だと言われることもありますが、部活動でも、失敗したらすぐに気持ちを切りかえて、この失敗を次に生かそうという気持ちでがんばってきました。

面接官の評価

具体的な例をあげて説明できており Good。長所について話すときは、自分の良さがしっかりと伝わるように、堂々と笑顔で話そう。

😣 NG回答例 △

明るいところです。あとは、友達からよく、マイペースだねと言われます。

面接官の評価

その場の思いつきで答えているような印象。「マイペース」という性格は「協調性がない」という意味で悪いようにとらえられる可能性もあるので、避けたい。

あなたの回答

次の質問に対して、あなたの回答を書きましょう。
また、本番を意識して、声に出して言ってみましょう。

Q47 >>> 「あなたはどのような人物ですか？　そのことがわかるように自己PRをしてください。」

Q48 >>> 「あなたの長所だと思うところを教えてください。」

これでカンペキ！

1 長所をしっかりアピールしよう

自己PRは「自分の良いところを相手に知ってもらうこと」。内容としては、これまで自分が打ち込んできたことやなしとげたことが自分の長所になる。きちんと事前に内容を練っておき、照れずに堂々と話そう。

2 他者の意見を参考にする

自分の性格は、なかなか分析するのが難しいもの。自分で客観的にみられない場合は、家族や友達、先生などに意見を聞いて、事前にまとめておくとよいだろう。

あなたの良いところは…

28 自分の性格③

Q49 >>> あなたの短所はどんなところですか？　それをどのように改めようとしていますか？

😊 好感回答例 ◎

友達から、自己主張が強いね、と言われることがあり、これが短所かと思います。そのため、自分の意見を押し通すのではなく、他の人の意見もしっかり聞き、相手の立場に立って物事を考えるように心がけています。高校生になったら、自分の考えをしっかりと述べるとともに、協調性も身につけていきたいと思います。

面接官の評価

自分の短所を自覚し、それを直していこうとする意識が感じられる。短所は言いにくいものだが、口ごもったりせず、直そうという気持ちが伝わるように話そう。

😣 NG回答例 ▲

熱中しすぎて周りが見えなくなってしまうときがあるところです。どう改善したらいいかがわかりません。

面接官の評価

短所に向き合っていこうという気持ちが感じられない。「わかりません」ではなく、なんとか直したいと思っているという姿勢を示そう。

Q50 >>> **委員会活動や行事には、自分から積極的に参加するほうですか？**

😊 好感回答例 ◎

はい。立候補してクラス委員や生徒会の役員になったり、文化祭でもクラスの先頭に立って活動していました。

面接官の評価

積極的であったことをしっかりとアピールできている。積極的でない人は、「高校ではもう少し積極的に参加したい」という前向きな姿勢をみせよう。

😐 NG回答例 ▲

いいえ。人前に立つのは苦手なので、委員会や行事はできるだけ参加したくないほうです。

面接官の評価

積極的でないだけでなく、協調性も疑われる。積極的とまではいかなくても、周りと協力して盛り上げたいなど、活動や行事には好意的だという印象を与えよう。

あなたの回答

次の質問に対して、あなたの回答を書きましょう。
また、本番を意識して、声に出して言ってみましょう。

> **Q49** >>> 「あなたの短所はどんなところですか？ それをどのように改めようとしていますか？」

> **Q50** >>> 「委員会活動や行事には、自分から積極的に参加するほうですか？」

これで👍カンペキ！

1 短所は直そうという前向きな姿勢を

短所については、とらえようによっては長所にもなることを話したい。また、短所をどのように直そうとしているか、前向きな姿勢をみせることも大事。向上心が伝われば良いアピールになる。

2 マイナスな言葉で終わらない

「短所は〇〇なところです」「人前に立つのが苦手なので行事には参加したくないです」など、正直な気持ちであっても、それだけで終わることは避けよう。「〇〇ですが△△したいと思っています」「中心になって引っ張っていくことは苦手ですが、縁の下の力持ちとしてがんばりたいです」など、プラスに転化させたまとめを入れたい。

29 得意教科・不得意教科

対策POINT 勉強に対する意欲や関心はどのくらいか、また取り組む姿勢はどうかを確認する質問。学習に意欲的に取り組んできたことをアピールしよう。得意教科と不得意教科の理由もまとめておこう。

Q51 >>> 得意な教科は何ですか?

😊 好感回答例 ◎

国語です。本を読むのが好きで、わからない言葉が出てきたら辞書を引いて覚えるくせがつきました。日本人として、まず国語をしっかりと学ぶことが大切だと思っていますし、漢字検定にも挑戦しています。

面接官の評価

得意になったきっかけやふだんの取り組みなどをしっかりと話せていて Good。漢字検定に挑戦しているなど、自分で努力していることから向上心も伝わってくる。

😕 NG回答例 ▲

勉強はあまり好きではないので、特に得意な教科はありません。

面接官の評価

「勉強があまり好きではない」というと学習意欲がないように聞こえるので得意な教科を1教科は考えておくようにしよう。

Q52 >>> 苦手な教科はありますか? 苦手な教科について、今後どう克服していこうと思いますか?

😊 好感回答例 ◎

数学が苦手で、受験勉強ではかなり苦労をしました。高校ではさらに難しくなると思うので、もう一度中学範囲を最初から復習し、基本からコツコツと力を伸ばしていきたいと思っています。

面接官の評価

苦手な教科も、自分なりに勉強して克服しようとしている前向きな姿勢がみられてとてもよい。成績に結びつかなくても、努力しようとしていることが伝わる。

😕 NG回答例 ▲

英語が苦手です。先生と相性が悪くて、勉強する気になりませんでした。高校では先生も変わるので大丈夫だと思います。

面接官の評価

苦手教科を先生のせいにするのは印象がよくない。今は苦手でも、今後は努力して克服していきたいという意欲をみせよう。

あなたの回答

次の質問に対して、あなたの回答を書きましょう。
また、本番を意識して、声に出して言ってみましょう。

Q51 >>> 「得意な教科は何ですか?」

Q52 >>> 「苦手な教科はありますか?　苦手な教科について、今後どう克服していこうと思いますか?」

これで👍カンペキ!

1 得意・不得意を把握(はあく)しておこう

面接官は調査書で成績を確認したうえで質問してくるので、成績と得意・不得意教科は一致させておこう。際立って成績が良い教科がない場合は「成績には結びつきませんが」などと前置きしたうえで、得意な教科について語ろう。得意な教科は好きな教科に置きかえてもよい（不得意の場合も同様)。その教科については、勉強法などをまとめておこう。

2 苦手教科も努力する姿勢をみせよう

苦手教科の克服法などを聞かれた場合、「特にやっていません」などという答えは避けたい。向上心をアピールするには、苦手教科の学習にいかに取り組んできたかを語るのが効果的。夏休みに集中的に取り組んだ、毎日継続して勉強しているなど、自分が努力したことを説明できるようにしておこう。

30 家庭学習・塾

対策POINT 家での学習習慣が身についているか、受験勉強はどのように取り組んでいたかを問う質問。学習方法を具体的に話し、まじめに取り組んできたことをアピールしよう。

Q53 >>> 家では毎日何時間くらい勉強していましたか？ 勉強でわからないことがあったら、どうしていましたか？

☺ 好感回答例 ◎

平日は夕食後に2時間、学校に行く前の1時間です。休日は午前と午後に2時間ずつしていました。わからないところは、学校で先生に質問するようにしていました。

面接官の評価

平日と休日で勉強していた時間帯まで詳しく説明できていてよい。毎日の生活の中で、いかに勉強時間を確保し、実行していたかが伝わる。わからないところも、わからないままにしていないのが好印象。

☹ NG回答例 ▲

週に4日塾に通っていて、帰るのも遅く、家では勉強していません。わからないところは塾の先生に聞いていました。

面接官の評価

家ではほとんどやらないというのは、塾任せで自主性がないような印象を受ける。帰るのが遅いというのも言い訳のようになるので、言わないほうがよいだろう。

Q54 >>> 受験勉強はどのように取り組んでいましたか？

☺ 好感回答例 ◎

3年の1学期から、曜日ごとに教科を決めて復習や問題集をしていました。夏休みは苦手分野を重点的に勉強し、11月からこちらの学校の過去問を繰り返しました。塾は夏期講習と冬期講習だけ利用しました。

面接官の評価

3年生になった時から計画的に受験勉強に取り組んでいたことがわかり、受験への熱意が伝わってくる。また、塾も効率よく利用していたことがわかる。

☹ NG回答例 ▲

3年生の1学期から塾に通いました。塾の宿題を毎日こなすことで受験対策をしていました。

面接官の評価

塾から言われたことをやるだけで、主体性が感じられない。受験に向けて頑張ったことをもう少し具体的にアピールしよう。

あなたの回答

次の質問に対して、あなたの回答を書きましょう。

また、本番を意識して、声に出して言ってみましょう。

Q53 >>> 「家では毎日何時間くらい勉強していましたか？ 勉強でわからないことがあったら、どうしていましたか？」

Q54 >>> 「受験勉強はどのように取り組んでいましたか？」

これで👍カンペキ！

1 勉強の習慣を身につけておこう

勉強について問われるのは、勉強の習慣が身についているかどうかを確かめるため。勉強時間の多さよりも、毎日計画的に取り組んでいるかどうかが重視される。そのため、平日と土・日の使い方などを含め、勉強法を具体的に話して、自主的に学ぶ姿勢があることをアピールしておこう。自分で工夫したことなどがあればなおよい。

2 塾通いもアピールになる

塾に関することは、高校側が資料にするためと、勉強の実態を知るための参考質問なので、そんなに構えず、正直に話すとよい。「いつごろから、どうして通っていたのか」と問われることもある。ここで意欲をアピールすることもできるので、その高校への入学希望が強いことを示しておこう。ただし、塾任せだったという印象を与えないように。

31 趣味・特技・関心事①

対策POINT）どんなことに関心を持っているか、何かに打ち込むことができるか、どのくらい豊かな人間性を持っているのかを確認する質問。好きなものに関して、なぜ好きなのか、どのくらい熱中しているのか、具体的に話そう。

Q55 >>> あなたは趣味といえるものを持っていますか?

好感回答例◎

はい。絵を描くことです。父が絵を描くことが好きで、毎週日曜日に父といっしょに散歩をしながら、気に入った場所で風景画を描きます。近所の集会場でお年寄りの方といっしょに絵を描くこともあり、人間関係が広がっていくことも楽しみの一つです。

面接官の評価

好きになったきっかけ、その中でも特に好きなこと、趣味を通してプラスになったことなどが話の中に盛り込まれていて Good。具体的なことにふれながら話せているのが好印象。

NG回答例▲

読書と音楽鑑賞です。あっ、テニスも少しやります。

面接官の評価

一般的なものは具体的に話さないと印象が弱くなる。質問されたときに困るので、本当に詳しいものを答えよう。

Q56 >>> 今、もっとも熱中していることは何ですか?

好感回答例◎

推理小説を読むことです。受験勉強の合間の気分転換に姉からすすめられた本を読み始めたことがきっかけです。特に気に入っているのは〇〇シリーズで、勉強の集中が途切れたときに時間を決めて読んでいます。

面接官の評価

受験勉強と両立しながら、上手に趣味の時間もとれていることがわかり好印象。熱中しているものがあれば、それを素直に答えよう。

NG回答例▲

特にありません。

面接官の評価

特に思い浮かばない場合は、これから見つけたいという前向きな姿勢をみせよう。

あなたの 回答

次の質問に対して、あなたの回答を書きましょう。
また、本番を意識して、声に出して言ってみましょう。

> **Q55** >>> 「あなたは趣味といえるものを持っていますか?」
>
> --
>
> --
>
> --
>
> --

> **Q56** >>> 「今、もっとも熱中していることは何ですか?」
>
> --
>
> --
>
> --
>
> --

これで👍カンペキ!

1 魅力を具体的に自分の言葉で話そう

趣味や特技などに関する質問は、どんなことに興味や関心を持っているかを知ると同時に、人間性についてもっと深くみようという意図がある。好きになったきっかけやどのように好きなのかを、具体的に自分の言葉で話せるようにしておこう。また、持っている資格などがあれば、自己PRのつもりで積極的に話すようにしよう。

2 自分の経験や考えをまとめておこう

趣味や特技については、さらに突っ込んだ追加質問をされることもあるので、本当に打ち込んでいるものを答えないと、言葉につまってしまう。そのため、どんなことを聞かれても答えられるように、前もって自分の経験や考えをまとめておこう。その趣味や特技を通して得たことを、高校生活への意欲と結びつけられればよりよい。

32 趣味・特技・関心事②

Q57 >>> 好きなスポーツはありますか?

☺ 好感回答例 ◎

マラソンを見るのが好きです。走っているだけなのに、見入ってしまいます。勝負の駆け引きもおもしろいですが、それ以上に 42 キロを走り通す姿に感動します。

面接官の評価

自分がやるだけではなく、「観戦することが好きなスポーツ」でもよい。そのスポーツの魅力をしっかりと語れていて好印象。

☹ NG回答例 ▲

運動は苦手なので、好きなスポーツはありません。

面接官の評価

運動が苦手でも、「ありません」「嫌いです」で終わらないで興味があるものなどを話そう。スポーツが好きでない場合は、それを正直に言えばよいが、スポーツを否定するような言い方は避けよう。

Q58 >>> 休みの日の過ごし方、家での生活の様子を聞かせてください。

☺ 好感回答例 ◎

午前中は家で勉強することにしていて、1週間にやり残した復習などをやっています。午後からは友達と近所の公園などで遊ぶことが多く、父や弟とキャッチボールをすることもあります。5時頃には帰宅して、早めにご飯とお風呂を済ませてのんびりと過ごし、9時までには寝るように心がけています。

面接官の評価

休みの日も計画を立てて過ごしていることがわかるよい回答。休日の過ごし方について、自分の考えと実態をまとめておこう。家族との関わりなどにもふれられればなおよいだろう。部活動に使っている人はそれらを織り込んで答えたい。

☹ NG回答例 ▲

ふだんは睡眠不足なので、たいていは昼ごろまで寝ています。家でテレビを見たり音楽を聴いたりすることが多いです。

面接官の評価

何もせず、家でゴロゴロしているような印象を受ける。休みの日もダラダラしないで、けじめある生活をしていることを伝えよう。

あなたの回答

次の質問に対して、あなたの回答を書きましょう。
また、本番を意識して、声に出して言ってみましょう。

Q57 >>> 「好きなスポーツはありますか?」

```
--------------------------------------------------
--------------------------------------------------
--------------------------------------------------
--------------------------------------------------
```

Q58 >>> 「休みの日の過ごし方、家での生活の様子を聞かせてください。」

```
--------------------------------------------------
--------------------------------------------------
--------------------------------------------------
--------------------------------------------------
```

これで カンペキ!

1 自分の意見を素直に答えてよいが、全否定はしない

「好きな○○はありますか」はスポーツ以外でもよく問われる質問。基本的には自分の意見を率直に言えばよいが、特に関心がないジャンルのことでも、「興味はありません」「つまらないので好きではありません」など、そこで受け答えがぷつりと切れてしまうような言い方はしないこと。

2 自分の考えと実態をまとめておく

休日の過ごし方を聞く質問からは、趣味や関心ごとの対象、生活態度、家族との関係など、さまざまなことがわかる。そのような観点から自分の休日の過ごし方を振り返り、言葉にして説明できるようにしておこう。

33 日常生活・家庭のこと①

対策POINT 〉 規則正しい生活習慣が身についているか、時間やお金のけじめができているか、家族の一員としての自覚があるか、などを確認する質問。家の中での自分の役割を明確にしよう。規則正しく、自立した生活ができていることをアピールしたい。

Q59 >>> 決まったおこづかいはありますか？ 主に何に使いますか？

😄好感回答例◎

ひと月に 3,000 円です。主に文房具を買ったり、お菓子やジュースを買ったりしています。友達と遊びに行くときにたくさん使いたいので、ふだんはむだづかいしないように気をつけて、毎月少しずつためています。

面接官の評価

おこづかいについて明確に話せていて Good。使い道も中学生にふさわしく、むだづかいをしていないというのも好印象。

😠NG回答例▲

金額は決まっていません。友達と出かけるときなど必要なときに自分の欲しい金額を伝えてもらっています。欲しいゲームや漫画を買うために使っています。

面接官の評価

必要に応じてもらう場合は、親とどんな取り決めをしているかをつけ加えよう。言った分だけもらう場合は平均的な金額も伝えるとよい。

Q60 >>> ふだんの生活で、常に心がけていることはありますか？

😄好感回答例◎

規則正しい生活を心がけ、生活のリズムを崩（くず）さないように気をつけています。また、両親からあいさつをきちんとするように言われているので、近所の人にもいつも笑顔であいさつするようにしています。

面接官の評価

生活習慣に関することと、生活態度に関することの 2 つが答えられており、良い回答。ほかにも内面的な部分で心がけていることでもよいだろう。

😟NG回答例▲

特にありません。

面接官の評価

「特にない」だけではマイナスイメージ。自分の生活を振り返って何か一つは考えておこう。

あなたの回答

次の質問に対して、あなたの回答を書きましょう。

また、本番を意識して、声に出して言ってみましょう。

Q59 >>> 「決まったおこづかいはありますか？　主に何に使いますか？」

Q60 >>> 「ふだんの生活で、常に心がけていることはありますか？」

これで👍カンペキ！

1 健全な金銭感覚をアピール

　おこづかいについての質問は金銭感覚をみるためのもの。中学生らしい金額であれば問題ないので、素直に答えよう。浪費(ろうひ)していないこと、中学生にふさわしい使い方をしていることが重要。

2 小さな「心がけ」を持つ

　生活習慣、生活態度など、何か自分なりに心がけていることを見つけてアピールしよう。「遅刻をしない」「必ずありがとうを言う」など、小さなことで構わないので、自分の生活に取り入れていることを具体的に説明できるようにしておこう。

34 日常生活・家庭のこと②

Q61 >>> 朝ごはんは、毎日きちんと食べていますか?

😊 好感回答例 ◎

はい。毎日しっかり食べています。夜は家族の帰りがバラバラなので、朝だけは家族全員でいっしょにごはんを食べるというのが我が家の決まりです。

面接官の評価

食生活が乱れていないことがよくわかる回答。いつも朝食を家族で食べるというのは良いアピールポイント。

😕 NG回答例 ▲

いいえ。朝はギリギリまで寝ているので、朝ご飯は食べません。

面接官の評価

朝食は集中力や体力に影響するので、食べていないというのはマイナスイメージ。朝食を食べる習慣をつけたい、というように改善しようとする姿勢をみせよう。

Q62 >>> 朝は何時に起きて、夜は何時に寝ていますか?

😊 好感回答例 ◎

朝は7時に起きます。夜は塾があり、宿題が多いと遅くなることも曜日によってありますが、なるべく11時までには寝るようにしています。

面接官の評価

規則正しい生活を送っているかを見られる質問。勉強していることをアピールするのもよいが、夜寝るのがあまり遅いと印象がよくない。睡眠時間も十分確保するようにしよう。

😕 NG回答例 ▲

朝は苦手ですが、夜は眠くなるまで起きています。

面接官の評価

夜ふかしが原因で朝が起きられず、高校にきちんと通えるか心配されてしまう。早寝早起きの習慣をつけるようにしよう。

あなたの回答

次の質問に対して、あなたの回答を書きましょう。
また、本番を意識して、声に出して言ってみましょう。

1章

2章

3章

4章

5章
自分に
ついての質問

6章

Q61 >>> 「朝ごはんは、毎日きちんと食べていますか?」

Q62 >>> 「朝は何時に起きて、夜は何時に寝ていますか?」

これで👍カンペキ!

規則正しい生活がポイント

　日常生活に関する質問では、基本的な生活習慣ができているかが問われるので、夜ふかしや朝食抜き、といったマイナス面は話さないほうがよい。テレビやスマホ、動画サイトなどは見ている内容よりも時間のけじめをつけているかが重要。休日もダラダラと過ごしている印象を与えないように、ふだんから規則正しい生活をしていることが伝わるような答え方をしよう。

35 一般常識・時事問題①

対策POINT **一般常識がそなわっているか、社会に対する興味・関心があるか、健全なものの見方ができるかを確認する質問。ニュースなどの情報だけではなく、自分の考えや体験したことを交えて話そう。**

Q63 >>> 気になるニュースを国内外でそれぞれあげてください。

😊 好感回答例 ◎

国内のニュースでは、少子化対策です。日本の将来のためにも、力を入れて取り組むべき課題だと思っているので、今後どのような政策が打ち出されるのか気になるところです。国外では、長期化しているロシアとウクライナの戦争が気になります。一日でも早い平和的解決を望んでいます。

面接官の評価

国内、国外ともに気になるニュースを取り上げられていて Good。ふだんから社会の動きに関心を持っていることがわかる回答である。

😖 NG回答例 ▲

最近は受験勉強で忙しく、新聞やニュースは見ていないので、よくわかりません。

面接官の評価

受験勉強は言い訳にならない。これでは社会に関心がないように思われるので、国内外の関心事を答えられるようにしよう。

Q64 >>> 国際社会が取り組むべきことは何だと思いますか?

😊 好感回答例 ◎

それぞれの国の生活や文化をよく知り、お互いの良いところを積極的に取り入れていくことだと思います。国々が互いに尊重し、助け合えるような関係になることが国際化社会では重要だと思います。

面接官の評価

国際社会に対して、自分の考えをしっかりと話せており Good。英語科や国際科などでよく出される質問なので、ただ「英語ができるとよい」というような答えにならないように気をつけよう。

😫 NG回答例 ▲

他国と戦争になったときのために軍備強化をすることだと思います。

面接官の評価

戦争を促しているようにもとらえられるのであまり印象はよくない。協力姿勢や、平和的な意見を述べるようにしよう。

あ な た の 回 答

次の質問に対して、あなたの回答を書きましょう。
また、本番を意識して、声に出して言ってみましょう。

Q63 >>> 「気になるニュースを国内外でそれぞれあげてください。」

Q64 >>> 「国際社会が取り組むべきことは何だと思いますか?」

これで👍カンペキ!

1 ニュースには、常に関心を持っておく

　時事的なトピックは、面接での質問だけでなく筆記試験の問題や作文・小論文などの題材に取り上げられることもある。ふだんから社会の出来事に関心を持っておこう。国際・環境・福祉に関連することがよく質問される。また「今の総理大臣の名前を言えますか」など、常識として知っておくべきことを問われることもあるので注意しよう。

2 学科ならではの質問がありそうなら、対策をしておく

　特徴のある学科だと、その分野ならではの質問をされることがある。「その学科に行きたい」という熱意が伝わるように、しっかりと対策をしておこう。

Q65 >>> 地球環境や SDGs について、何か意見はありますか?

😀 好感回答例 ◎

私はできるだけ食べ物を残さないようにしています。幼いころから両親に、食べ物に恵まれていることに感謝するようにと言われてきました。日本は食品ロスが多いと聞いたことがあります。SDGs の目標にもあるように、これからも食べ物をムダにしないようにしたいと思います。

面接官の評価

実際にやっていることや、ふだんから心がけていることが具体的に話せていてとてもよい。SDGs に関しては、このように興味を持って内容を確認し、自分の考えをまとめておこう。

😖 NG回答例 △

社会が発展するためには、環境問題が出てくるのもしかたないことだと思っています。SDGs は聞いたことはありますが、内容はよく知りません。

面接官の評価

「しかたない」ですまさず、もっと問題意識を持とう。SDGs については注目度が高いので、内容を確認し、自分の意見を一つは言えるようにしておこう。

Q66 >>> ボランティア活動をしたことがありますか?

😀 好感回答例 ◎

活動経験は少ないですが、中学の合唱部で、老人ホームを訪問したとき、お年寄りの方がとても喜んでくれて感激しました。高校ではボランティア活動を積極的にしていきたいです。

面接官の評価

ボランティア活動に対して、ポジティブにとらえていることが伝わってくる良い回答。ボランティア活動をした経験があれば、それをもとに感じたことなどを具体的に語るとよい。

😖 NG回答例 △

ありません。部活動や塾があって、ボランティアをする時間がありません。

面接官の評価

ボランティアにもいろいろな活動がある。そのなかで自分にもできることがあるはず。否定的にならないよう、ボランティアに関する自分の考えをまとめておこう。

あなたの回答

次の質問に対して、あなたの回答を書きましょう。
また、本番を意識して、声に出して言ってみましょう。

Q65 >>> 「地球環境や SDGs について、何か意見はありますか?」

Q66 >>> 「ボランティア活動をしたことがありますか?」

これで👍カンペキ!

1 大きな問題は身の回りのことを切り口に

「環境問題」「SDGs」などの大きな枠組みは、自分の身の回りのことに落とし込んで考えるとよい。「ペットボトルを買わずマイボトルを持ち歩く」「リサイクル商品を買う」など、自分でできることから考えよう。

2 ボランティアの本質を忘れずに

ボランティアの本質は、だれかに手をさしのべること。やったことがない、興味がないと切り捨てると、社会性に欠けるとみなされることもある。自分にできる形のボランティアについて考え、前向きな発言ができるようにしよう。

37 一般常識・時事問題③

Q67 >>> クラスでいじめがあった場合、あなたならどういう行動をとりますか?

😊 好感回答例 ◎

いじめは絶対にあってはならないことなので、注意するべきだと思います。実際に直面したら、そんな勇気があるか、自信はありませんが、いじめられている人を励ましたり、先生や友達に相談したりして、自分にできることをしていきたいです。

面接官の評価

いじめの問題が起こったときどうするか、自分の考えや自分ができると思うことを素直に答えられていてよい。いじめの問題には無関心にならないように気をつけよう。

😫 NG回答例 ▲

いじめの問題を解決できるのは本人たちだけで、自分にできることがあるとは思いません。

面接官の評価

クラスメイトのことなのに、ひとごとのような態度は感心できない。もっと身近な問題として、いじめについて考え直す必要があるだろう。

Q68 >>> 電車やバスの優先席に座っていたときにお年寄りが乗ってきたら、席をゆずりますか?

😊 好感回答例 ◎

はい、必ず席をゆずります。正直に言えば、疲れているときは座っていたいと思うこともありますが、お年寄りが立っているのを見ると、放っておけません。

面接官の評価

ふだんの姿勢がわかり、さらに素直に答えられているところがGood。席をゆずった経験がなくても、ゆずろうとする気持ちがあることは伝えるようにしよう。

😫 NG回答例 ▲

以前、ゆずって断られたことがあるので、それからは、ゆずってくださいと言われるまではゆずりません。

面接官の評価

以前断られた、という理由でその後はゆずることをやめたというのは、あまり良い印象ではない。ゆずろうとする気持ちはあることをアピールしよう。

あなたの回答

次の質問に対して、あなたの回答を書きましょう。
また、本番を意識して、声に出して言ってみましょう。

Q67 >>> 「クラスでいじめがあった場合、あなたならどういう行動をとりますか?」

Q68 >>> 「電車やバスの優先席に座っていたときにお年寄りが乗ってきたら、席をゆずりますか?」

これでカンペキ!

1 身近な問題に無関心でいないこと

　いじめは中学生にとって身近な問題で、無関心ではいられないはず。いじめの問題が起こったときどうするか、自分の考えや自分ができると思うことを率直に伝えよう。

2 倫理的・道徳的なことは、それに反する答え方をしない

　受験生の倫理観や人がらをみるための質問の場合、たとえ正直な気持ちであっても、倫理・道徳に反することを答えると印象が悪くなる。「席をゆずるときに『どうぞ』と言う勇気がなかなか出ないのですが、次は勇気を出してそう言いたいです」などと前向きにまとめたほうがよい。

38 一般常識・時事問題④

Q69 >>> スマートフォンを持っていますか？　どういう使い方をしていますか？

☺ 好感回答例 ◎

はい、持っています。塾の帰りに家に電話を入れるなど、主に家族との連絡用に使っています。友達とSNSでやりとりをすることもあります。学校内では使用しないようにしています。

面接官の評価

今は中学生でも多くの生徒がスマートフォンを持っているのが実状。持っていることは正直に答えてよい。ただし、使い方の答えは慎重に。この回答は必要に応じて使っていることがわかり Good。

☹ NG回答例 ▲

はい、持っています。暇（ひま）な時にゲームをしたり、動画を見たりするのに使っています。

面接官の評価

持っていることは正直に答えていいが、ゲームやSNS、動画を見るなどの用途だけで使っているというのはあまり印象がよくない。

Q70 >>> ピアスをしたり、髪の毛を染めてみたりしたいですか？

☺ 好感回答例 ◎

大人になったらしてみたいと思うかもしれませんが、今はまったく興味がありません。耳に穴をあけるのも怖（こわ）いですし、私は自然のままの色の髪のほうが好きです。

面接官の評価

高校ではするつもりがないことが伝わる回答となっている。「大人になったらしてみたい」というのは、素直な意見として述べてもよいだろう。

☹ NG回答例 ▲

高校生になったら、ぜひしてみたいと思います。

面接官の評価

特に私立では身だしなみに厳しい学校が多いので、答え方に注意するべき。高校生になったらしてみたいという回答はマイナスイメージ。

あなたの回答

次の質問に対して、あなたの回答を書きましょう。
また、本番を意識して、声に出して言ってみましょう。

> **Q69** >>> 「スマートフォンを持っていますか？　どういう使い方をしていますか？」

> **Q70** >>> 「ピアスをしたり、髪の毛を染めてみたりしたいですか？」

これで👍カンペキ！

1 うそをつく必要はない

スマートフォンを持っているかどうかという質問があった場合、うそをつく必要はない。正直に答えたうえで、保護者の了承のもとに持っていること、使い方や使用時間の制限をちゃんともうけていることを伝えること。受験校の校則で禁止・制限されているのなら、入学後は校則に従った使い方をすると表明しておこう。

2 受験校の校則を調べておこう

アルバイト、頭髪、ピアスなど、校則にも関わってくるようなことを聞かれる場合もある。受験校の校則を理解したうえで答えることが必要となる。

39 意表をつく質問①

答えにくい質問にもうまく対応できるかどうか、受験生の素顔をさぐるための質問。基本的には素直な意見を伝えよう。予想外の質問にも落ち着いて、前向きな姿勢を示そう。

Q71 >>> 集団生活をしていくうえで大切なのは、どんなことだと思いますか?

☺ 好感回答例 ◎

集団生活の中で決められたルールを守ること、そして、仲間のことを一人ひとりが理解して、尊重し合っていくことが大切だと思います。

面接官の評価

高校生活も一つの集団生活。そのことをよく理解して答えられているように思えるので好印象。

☹ NG回答例 △

自分の意見は言わずに、周りに合わせることだと思います。

面接官の評価

周りに合わせることは大切だが、自分の意見を言わないと周りと協力していこうという気持ちがないようにも思われる。友達とどういう関係でありたいかを考えてみよう。

Q72 >>> 男女交際についてどう思いますか?

☺ 好感回答例 ◎

異性の友達も必要だと思います。お互いにいろいろな話ができて、励(はげ)まし合えるようなつき合いができればよいと思います。

面接官の評価

素直な意見を述べているところがよい。男女交際について、健全な姿勢が見られるので好印象。

☹ NG回答例 △

高校生になったら、彼氏や彼女がいるのがふつうだと思います。

面接官の評価

男女交際については基本的には本人の自由だが、校則で禁止されているところもあるので、「ふつうは〇〇」という言い方は避けよう。

あなたの回答

次の質問に対して、あなたの回答を書きましょう。
また、本番を意識して、声に出して言ってみましょう。

◎ Q71 〉〉〉 「集団生活をしていくうえで大切なのは、どんなことだと思いますか?」

- -

- -

- -

- -

◎ Q72 〉〉〉 「男女交際についてどう思いますか?」

- -

- -

- -

- -

これでカンペキ!

1 予測外の質問にも落ち着いて

意表をつく質問は、前もって練習できないので驚くこともあるが、それはみんなもいっしょである。そのときに思ったことを正直に伝えればよい。

2 答えようという姿勢をみせる

どうしても答えが浮かばなかったら、「わかりません」と答えることも一つの方法。ただし、投げやりにならないこと。受験生の反応をみる目的もあるので、わからなくても一生懸命考えようとする姿勢は好印象となる。多少時間がかかっても、できるだけ答えられるように。

095

40 意表をつく質問②

Q73 >>> 受験が終わったら、まず何をしたいですか?

😊 好感回答例 ◎

読書をしたいです。本を読むのが好きなのですが、受験勉強中は読書をする時間があまり取れなかったので、読みたい本がたまっています。それを読むのが楽しみです。

面接官の評価

どうしてそれをしたいか、理由も伝えられているところが Good。やりたいことも「読書」で羽目を外しすぎることがなく、印象がとてもよい。

😖 NG回答例 △

特にありません。だらだら過ごしたいです。

面接官の評価

「だらだら過ごす」というのは印象が悪い。受験勉強中に我慢して終わったらやりたいと思っていることが何かあるはず。それを素直に話すようにしよう。

Q74 >>> 高校生活のイメージを色にたとえると、何色ですか? また、あなた自身を色にたとえると何色ですか?

😊 好感回答例 ◎

高校生活のイメージはピンクです。春に咲く桜のイメージで、これから始まる高校生活のドキドキを表現した色です。自分自身は、積極的な性格をしているので情熱的な赤色だと思っています。

面接官の評価

高校生活のイメージも、自分の色の例えもどちらも理由とともに話せているのでよい。とくに明るい色を挙げているところも好印象。

😖 NG回答例 △

高校生活のイメージは…まだわからないことが多いので黒のイメージです。自分の色はよくわかりません。

面接官の評価

暗い色を答えてしまうと不安や消極的なイメージとなってしまい印象がよくない。また、「わからない」という回答より、少し時間がかかっても、思いついたことを答えるようにしよう。

あなたの回答

次の質問に対して、あなたの回答を書きましょう。
また、本番を意識して、声に出して言ってみましょう。

> **Q73** >>> 「受験が終わったら、まず何をしたいですか?」

> **Q74** >>> 「高校生活のイメージを色にたとえると、何色ですか? また、あなた自身を色にたとえると何色ですか?」

これで👍カンペキ!

1 前向きな言葉で語ろう

答えはなるべく明るいイメージで、入学への意欲や高校生活への期待など、前向きな姿勢が伝わるようなものにしたい。

2 答え→理由の順で

最初に自分の答えや意見を述べ、次にその理由を具体的に説明するようにすると、聞いている側もわかりやすい。

41 意表をつく質問③

Q75 >>> 何をしているときがいちばん幸せだと感じますか?「幸せとは」あなたの考えを聞かせてください。

😊 好感回答例 ◎

趣味のピアノを弾いているときです。集中して好きな曲を弾いていると、充実感があってとても幸せな気持ちになります。私の幸せは、好きなことに没頭しているときや、満たされているときのことだと思います。

面接官の評価

いちばん幸せに感じることと、「幸せとは」が結びつく回答になっていて Good。自分にとって、楽しいことや満足している状態を思い浮かべて笑顔で答えられると感情が伝わってよりよい。

😖 NG回答例 ▲

幸せと感じることはありません。幸せがどういう状態かよくわかりません。

面接官の評価

「ありません」「わかりません」ではなく、趣味に没頭しているとき、友達や家族といるときなど、楽しい場面を思い浮かべて考えよう。

Q76 >>> 最後に何か言っておきたいことはありますか?

😊 好感回答例 ◎

こちらの学校の英語教育に魅力を感じて、どうしても入学したいと思いました。将来の夢をかなえるにはこちらの学校で勉強するのがいちばんだと思っています。入学できましたら、精いっぱいがんばりますので、どうぞよろしくお願いいたします。

面接官の評価

この高校に入りたいという気持ちがよく伝わってくる。短い言葉で入学したい理由も話せており Good。

😖 NG回答例 ▲

特にありません。

面接官の評価

せっかくのアピールの場なのに「特にありません」では、この高校に入学したいという強い意欲を感じることができない。

あなたの回答

次の質問に対して、あなたの回答を書きましょう。
また、本番を意識して、声に出して言ってみましょう。

Q75 >>> 「何をしているときがいちばん幸せだと感じますか? 『幸せとは』あなたの考えを聞かせてください。」

Q76 >>> 「最後に何か言っておきたいことはありますか?」

これで👍カンペキ!

1 抽象的な質問にもあわてずに

「本当の自由とはどういうことか」「大人になったらまず何をしたいか」など、漠然とした抽象的な質問をされることがある。自分が思ったことを素直に述べ、なおかつ前向きな印象を与えられるとよい。

2 「最後に何か…」の機会があれば、何か言う!

一言でも意欲的な言葉を言うようにしよう。入学後にやりたいこと、この場で強調したいことを短い時間で述べるとよい。

01　印象をよくする表情と話し方　〈19ページ〉

1　(1)私

(2)父

(3)祖母

(4)兄

2　(1)私（僕）のおばは、テニスをするのが趣味です。

(2)受験は、担任の先生、両親（父と母）と話して決めました。

(3)姉からアドバイスをもらいました。

- -

02　敬語を正しく使おう　〈21ページ〉

1　(1)拝見する

(2)召し上がる

(3)なさる（される）

(4)申す（申し上げる）

(5)お尋ねになる

2　(1)父がそのように申し上げました。

(2)私は校長先生にお目にかかりました。

（私は校長先生にお会いしました。）

- -

03　くだけた言葉は使わない　〈23ページ〉

1　(1)非常に（とても）

(2)深刻だ

(3)熱中して（夢中になって）

(4)食べられました（食べることができました）

2　(1)やはり、優勝したときは、うれしくて泣いてしまいました

（涙が出てしまいました）。

(2)朝の練習はとても大変ですが、がんばりました。

PART 2

パターン別

入試面接
リハーサル

実際の面接の流れをつかむため、このパートでは

本番さながらのリハーサルをしてみよう。

質問の音声に合わせて、自分自身も回答してみよう。

（※付属音声を聞く方法については、6ページをご覧ください。）

1 〉一般的な質問パターン

STEP 1 ≫ 面接のシミュレーション音声を聞いて、本番の流れをつかもう。
STEP 2 ≫ 質問の音声に続いて、自分の回答を声に出して言ってみよう。

 🎧01
←音声はこちら
から聞けます

＼POINT／

受験生 （ドアを3回ノックする）

面接官 **どうぞお入りください。**

> 入室の仕方はP12を確認しておこう。

受験生 （ドアを開ける）
失礼します。
（いすのところまで歩く。）

面接官 **どうぞ、おかけください。**

受験生 よろしくお願いいたします。

面接官 **受験番号と氏名、中学校名を言ってください。**

受験生 はい。1020番の鈴木花子です。中学校は、桜市立第一中学校です。よろしくお願いいたします。

> 自分の中学の正式名称を声に出して言えるか確認しよう。
> （≫P24 Q1）

面接官 **それではこれから面接を始めます。**
自宅から本校に来るまでどのくらい時間がかかりましたか？ 交通手段も合わせて答えてください。

受験生 自宅からバス停まで歩いて行って、そこから15分バスに乗って桜市駅まで向かいます。桜市駅から夢咲駅までは、電車で乗り換えを含めて30分くらいです。夢咲駅から学校までは歩いて5分くらいですから、合計50分かかります。

> 交通手段や所要時間は事前に確認しておこう。
> （≫P46 Q24）

面接官 **あなたがこの学校を志望した理由を聞かせてください。**

受験生 こちらの高校が、文武両道という点にひかれました。特にバスケットボール部は全国大会にも出て活躍しているので、以前からあこがれていました。私も中学ではバスケットボール部に入っていました。高校でも、部活に力も入れながら、勉強にも励み、大学進学をめざしたいと思って志望しました。

> 志望校の特色と自分のやりたいことが一致していればGood。
> （≫P30 Q7）

面接官 **本校の校舎や施設にはどのような印象を持ちましたか？**

受験生 グラウンドが広くて、緑が多いことに驚きました。
また、情報室や温水プールなどの施設も充実していて素晴らしいと感じました。

> 学校見学などのときによいと感じたことを話そう。
> （≫P42 Q19）

面接官 **本校に入学したら、部活以外にやってみたいことはありますか？**

受験生 生徒会活動です。中学校では生徒会の役員をやり、苦労することもありましたが、それ以上にやってよかったと思うことが多かったからです。こちらの高校は行事も盛んなようですので、生徒会役員になり行事の運営にも積極的に取り組みたいと思っています。

> 特になくても入学してみつけたいという積極性をみせよう。
> (»P36 Q13)

面接官 高校を卒業したら、どのような進路を考えていますか？

受験生 まだはっきりと決めていませんが、福祉系の大学への進学を考えています。こちらの学校では手話が学べることやボランティア活動も盛んなことから、自分に合う分野を見つけ、具体的に考えていきたいと思います。

> これを機会にどのような進路を望んでいるか考えてみよう。
> (»P36 Q14)

面接官 なぜそのように考えましたか。だれかと相談しましたか？

受験生 昔から両親とボランティア活動に参加することが多く、興味があったからです。両親にも将来は福祉系の仕事をしたいと話しており、そのための進学も応援してくれています。

> だれかに相談するということは、具体的に考えていることでもある。
> (»P38 Q15)

面接官 次はあなた自身のことについて教えてください。中学生活でいちばん印象に残っているのはどのようなことですか？

受験生 3年生の1学期に行った、京都・奈良への修学旅行です。班別に自由行動の時間があり、自分たちで計画を立てて回りました。見たいところを詰め込み過ぎてあわただしかったのが反省点ですが、それも楽しい思い出となりました。旅行中に作った俳句が校内で優秀賞をもらったこともうれしかったです。

> 定番の質問。事前にまとめておこう。
> (»P50 Q27)

面接官 あなたは自分をどのような性格だと思いますか？

受験生 責任感が強く、一度決めたことは最後までやりぬく粘り強さがあると思います。ただ行動するまでに時間がかかることもあるので、もっと積極的に行動をしていきたいと思います。

> 自分の性格を人に話すのは難しい。周りの人に印象を聞いてまとめておくのもよい。
> (»P68 Q45)

面接官 はい、結構です。質問は以上です。これで面接を終わりにします。

受験生 ありがとうございました。

このパターンの心得

実際の面接では、質問は7～8問ぐらいというのが一般的。どの質問もよく出るものばかりなので、しっかり答えられるように練習しておこう。特に志望理由に関する質問はほとんどの学校で出るので、必ず答えを準備しておきたい。進学を重視する学校では、このパターン以外に、大学進学についての突っ込んだ質問をされることも多い。

② 大学付属校で出やすい質問パターン

STEP 1 » 面接のシミュレーション音声を聞いて、本番の流れをつかもう。
STEP 2 » 質問の音声に続いて、自分の回答を声に出して言ってみよう。

🎧 02
←音声はこちら
から聞けます

\ POINT /

受験生 （ドアを3回ノックする）

面接官 **どうぞお入りください。**

> 入室の仕方はP12を確認しておこう。

受験生 （ドアを開ける）
失礼します。
（いすのところまで歩く。）

面接官 **どうぞ、おかけください。**

受験生 よろしくお願いいたします。

面接官 **受験番号と氏名、中学校名を言ってください。**

受験生 はい。1020番の鈴木花子です。中学校は、桜市立第一中学校です。よろしくお願いいたします。

> 自分の中学の正式名称を声に出して言えるか確認しよう。
> （»P24 Q1）

面接官 **それではこれから面接を始めます。**
今日の試験のできはどうでしたか？

受験生 国語は自分なりに努力した結果が出たと思います。ただ、数学は非常に難しかったです。特に図形の証明問題が難しくて時間がかかってしまいました。見直す時間がなくなったので、計算ミスがないか心配です。

> どの教科がどうだったか、感想を正直に話そう。
> （»P28 Q5）

面接官 **本校の魅力や特色はどのようなところだと思いますか？**

受験生 こちらの学校に入学した中学校の先輩から、自由な校風で学校が楽しいと聞いていました。昨年、文化祭に来たときも、生徒のみなさんが規律がある中でのびのびと自由に活動しているのが、この学校の良さだと思いました。

> 自分の体験や感想が言えればGood。
> （»P30 Q8）

面接官 **本校には併設大学があります。こちらへの進学は考えていますか？ また入学するにあたって、希望の学部はありますか？**

受験生 はい。弁護士になるのが夢なので、法学部に進学して、司法試験をめざして勉強したいです。入学できたら、希望の学部へ推薦されるように、しっかり勉強しようと思っています。

> 進学のしやすさではなく、自分の希望を具体的に話そう。
> （»P40 Q17）

面接官 **本校以外に、受験した高校はありますか？**

受験生 将来、海外でも活躍したいと考えていますので、英語教育に力を入れている白鳥高校も受験しました。ですが、2年生から英語特進コースが選べるこちらの学校が第一希望です。

> なぜその学校を受験したのか、理由も言おう。
> (»P48 Q25)

面接官 本校と白鳥高校のいずれにも合格した場合、どちらに入学しますか？

受験生 こちらの学校が第一希望なので、白鳥高校は辞退します。国際交流の活発なこちらの学校で実践的な英語を勉強したいという気持ちが強いのでぜひ入学したいです。

> 入学の意欲を見せたほうが評価は高くなる。
> (»P48 Q26)

面接官 中学生活で印象に残っているのはどんなことですか？

受験生 京都・奈良への修学旅行です。班別の自由行動では、自分たちで計画を立てて回り、楽しい思い出となりました。旅行中に作った俳句が校内で優秀賞をもらったこともうれしかったです。

> 具体的なエピソードを用意しておこう。
> (»P50 Q27)

面接官 中学校時代に、熱中して取り組んだことはどんなことですか？

受験生 文化祭実行委員になり、文化祭の準備に取り組んだことです。最初は意見をまとめるのに苦労しましたが、みんなに働きかけ、一丸となって挑むことができました。

> 学校活動への積極的な取り組みはアピールポイント。
> (»P50 Q28)

面接官 部活動でいちばん印象に残っていることは何ですか？

受験生 バスケットボール部の地区大会の決勝戦です。何度もチャンスがあったんですが、私がシュートを決められずチームは負けてしまい、念願だった県大会にも出場できませんでした。つらくてバスケットボールをやめようかと思いましたが、みんなが励ましてくれ、続けることができました。高校ではそのリベンジのためにもバスケットボール部に入りたいと思っています。

> 定番の質問。事前にまとめておこう。
> (»P56 Q34)

面接官 入学したら高校生活でどのようなことに取り組みたいと思いますか？

受験生 生徒会活動です。中学校で経験した生徒会活動は有意義なものでした。高校でも生徒会活動に積極的に取り組みながら充実した高校生活を送りたいと思っています。

> 高校生活で意欲的に取り組みたい目標を言おう。
> (»P36 Q13)

面接官 はい、結構です。質問は以上です。これで面接を終わりにします。

受験生 ありがとうございました。

このパターンの心得

ここには入っていないが、私立の場合は、教育方針や校訓、家庭に関する質問なども出やすい。

③ 〉専門学科・総合学科で出やすい質問パターン

STEP 1 》 面接のシミュレーション音声を聞いて、本番の流れをつかもう。
STEP 2 》 質問の音声に続いて、自分の回答を声に出して言ってみよう。

 ∩ 03
← 音声はこちら
から聞けます

\ POINT /

受験生 （ドアを3回ノックする）

面接官 どうぞお入りください。

> 入室の仕方はP12を確認しておこう。

受験生 （ドアを開ける）
失礼します。
（いすのところまで歩く。）

面接官 どうぞ、おかけください。

受験生 よろしくお願いいたします。

面接官 受験番号と氏名、中学校名を言ってください。

受験生 1020番の鈴木花子です。中学校は、桜市立第一中学校です。よろしくお願いいたします。

> 自分の中学の正式名称を声に出して言えるか確認しよう。
> （》P24 Q1）

面接官 それではこれから面接を始めます。
あなたはなぜ、本校を志望しましたか？

受験生 こちらの学校が文武両道という点にひかれました。特にバスケットボール部は、全国大会にも出て活躍しており、以前からあこがれていました。私も中学からバスケットボールをやっています。こちらの学校でもバスケットボール部に入って部活に力を入れながら、大学進学もめざしたいと思って志望しました。

> 学校の特色と志望動機が合っていると説得力が増す。
> （》P30 Q7）

面接官 なぜこの学科を選んだのですか？

受験生 この学科なら英語をしっかり学んで身につけることができると感じたからです。また、手話が学べることやボランティア活動が盛んなことも魅力です。

> 学科の特色をよく調べておこう。
> （》P32 Q9）

面接官 高校を卒業後、どのような進路を考えていますか？

受験生 まだはっきりとは決めていませんが、福祉系の大学への進学を考えています。ボランティア活動などを通じて自分に合う分野を具体的に考えていきたいです。

> はっきりしていなくても、質問に回答できるよう準備をしておこう。
> （》P36 Q14）

面接官 将来、どのような職業に就きたいと思っていますか？
将来の夢を聞かせてください。

受験生 得意な英語を福祉の分野で生かせる職業です。世界には飢餓や貧困などさまざまな問題があります。これらを解決するために役立つ仕事に就きたいと思っています。

> 憧れていることや興味のあることでも大丈夫。
> (»P40 Q18)

面接官 今、もっとも熱中していることは何ですか？

受験生 推理小説を読むことです。姉から勧められたのがきっかけです。勉強の集中が途切れたときに、気分転換に時間を決めて読んでいます。

> 何かあればアピールポイントにつながる。
> (»P78 Q56)

面接官 あなたは何か趣味といえるものを持っていますか？

受験生 絵を描くことです。父が絵を描くのが好きで、毎週日曜日にいっしょに絵を描きます。最近は近所のお年寄りと絵を描くことがあり、人間関係が広がっていくことも楽しみの一つです。

> 趣味だけでなく、それを通して広がりが得られているのがよい。
> (»P78 Q55)

面接官 あなたの長所と思うところを教えてください。

受験生 いつも前向きに考えるようにして、あまりくよくよしないところが長所だと思います。部活動で失敗しても、すぐに気持ちを切りかえて失敗を次に生かそうという気持ちでがんばってきました。

> 恥ずかしがらずに堂々と話そう。
> (»P70 Q48)

面接官 それでは、あなたの短所はどんなところですか？　それをどのように改めようとしていますか？

受験生 友達からは自己主張が強いといわれることがあり、これが短所かと思います。他の人の意見もしっかり聞き、相手の立場に立って物事を考えるように心がけております。

> 言いにくい短所も客観的に話し、改善するよう気をつけていることをアピールしよう。
> (»P72 Q49)

面接官 ふだんの生活で、常に心がけていることはありますか？

受験生 規則正しい生活を心がけ、生活のリズムを崩さないように気をつけています。また、両親からあいさつをきちんとするように言われていますので、近所の人にもいつも笑顔であいさつをするように心がけています。

> ふだん気をつけていることを整理してみよう。
> (»P82 Q60)

面接官 はい、結構です。質問は以上です。これで面接を終わりにします。

受験生 ありがとうございました。

このパターンの心得

「なぜこの学科（コース）を選んだか」という質問は、専門学科・総合学科では必ずあると思ったほうがいい。将来の進路に関する質問が多いのも特徴で、学科やコースの特色をよくふまえて、将来の進路や高校入学後の抱負をしっかり考えたい。また、校則についての質問なども出やすいので、きちんと答えられるようにしよう。

面接会場の形式

面接方式の違いと、面接官と受験生がどこに座るか確認しておこう。

😊 個人面接

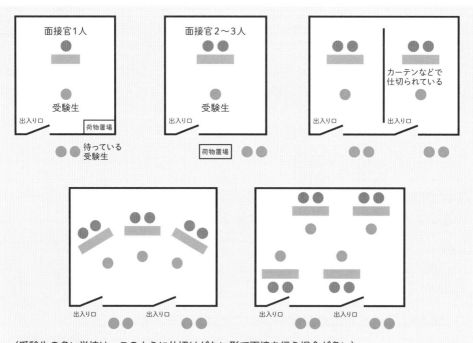

（受験生の多い学校は，このように仕切りがない形で面接を行う場合が多い）

😊 集団面接・グループ討論・保護者面接

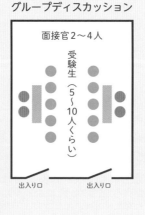

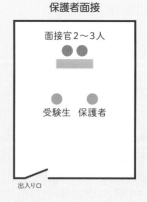

（次のグループが廊下で待機）

PART 3

パーフェクト
講座

推薦入試対策
保護者面接対策

推薦入試には、一般入試ではほとんどみられない、

独自の面接のやり方もある。一般入試の面接との違いを知り、

対策を立てておこう。また、私立高校では、保護者の方への面接を行う

ケースもあるので、注意すべきポイントを確認しておこう。

推薦入試・自己推薦型入試の面接はここが違う！

1 「面接」の合否判定に占める比重が大きい

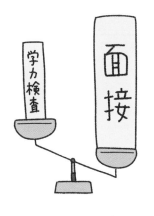

推薦入試は、一般入試以上に面接重視の傾向が強く、通常は学力検査がなく、**推薦書や調査書などの提出書類、面接や作文、適性検査など**で合否が判定されます（ただし、私立高校では一部の学校が推薦入試で適性検査として学科試験があり、公立高校でも自己推薦型入試では学力を試す検査を実施する学校があります）。

推薦入試の合否判定には、公立校・私立校ともに調査書が大きなウエートを占めているようですが、一概には言えません。推薦入試では学力だけでなく、受験生の人間性も重視されるため、面接や作文も重要な判定資料となります。調査書の点数が多少低くても、面接や作文でカバーできることもありますし、逆に調査書の点数が良くても、面接や作文の評価が悪ければ不合格になることもあります。

2 時間をかけてじっくり面接をする

個人面接を実施する学校の割合は、一般入試よりも**推薦入試の**ほうが大きいです。これは、推薦入試の面接が生徒一人ひとりをじっくりと観察しようとするためです。

また、面接時間も**推薦入試のほうが一般入試よりも長くなる**傾向があります。一部では、一人に20〜30分をかけたり、面接を2回行ったりする学校もあります。そのような学校では、より詳しく質問がされるでしょう。

私立校以上に重視される公立校の推薦入試の面接

私立高校の推薦入試の場合、内申点（調査書点）の推薦基準があり、その基準をクリアしていればほぼ合格となる学校も一定数存在します。一方、公立高校の推薦入試では調査書と面接の総合成績（作文などを実施する場合はそれらの成績も含めて）で合否判定が行われます。そのため、面接の成績によって逆転するケースが少なくありません。公立の推薦入試では、私立以上に面接の結果が合否に大きく影響することを頭に入れておくとよいでしょう。

3 志望理由や自己 PR を記入する「面接カード」の提出

　最近の推薦入試では、公立校でも私立校でも、自己推薦型入試を中心にして、受験生自身が高校に「**面接カード**」を提出する場合が増えています。

　面接カードは学校によって呼び方が違うこともあり、志望理由を記入する「**志望理由書**」や、自分で自分を推薦する内容の「**自己推薦書**」などがあります。

　特に公立高校の場合、全受験生に提出させる県も存在します。一部の学校では、推薦入試と一般入試の両方で「自己 PR カード」を提出させるところもありますが、基本的には「志望理由書」や「自己推薦書」の提出は推薦入試の特色と言えます。

　これらの書類には、面接の参考資料となる内容が含まれています。面接官は「面接カード」を見ながら質問をすることが多いため、面接で聞かれてもきちんと答えられる内容を、ていねいに記入することが大切です。

4 推薦入試の面接の主な形式

　推薦入試の面接では、一般入試以上に受験生の人物像をじっくりと観察するため、通常の質問に加えて、以下のような形式の面接が実施されます。

●パーソナル・プレゼンテーション

　受験生が特技や実技、直前に出された課題について自己を表現したりアピールしたりする「パーソナル・プレゼンテーション（自己表現）」や「自己 PR タイム」といったものがあります。

●グループ討論

　受験生が集団の中でどのような態度や言動をとるかを観察する「グループ討論」を行う学校もあります。受験生のリーダーシップ、協調性などが問われます。

●口頭試問

　基礎学力の確認のため、学力検査の代わりに面接の中で「口頭試問」を行う学校も存在します。これらの要素は、一般入試では見られない独自の特色であると言えます。

「志望理由書」「自己推薦書」を作成しよう

1 「志望理由書」「自己推薦書」って何？

「**志望理由書**」は、「なぜ自分がその高校に進学しようと思っているのか」という志望理由を書くものです。一方、「**自己推薦書**」は、"自分で自分を推薦する"ため、中学時代の部活動・生徒会活動などでの実績、英検や漢検など取得した資格、自分の長所などを自己 PR する文章を書くものです。学校によっては、「**自己 PR 書**」「**自己 PR カード**」と呼ばれることもあります。

ただし、実際には志望理由書も自己推薦書も、学校ごとに形式は異なります。志望理由書でも、志望理由だけでなく、中学時代の部活動・生徒会活動などでの実績や資格の取得、さらに高校生活への抱負や将来の夢まで書くことが求められる場合もあります。

同様に、自己推薦書も自己 PR だけでなく、志望理由も含まれる場合が多いです。したがって、志望理由書と自己推薦書を明確に区別する必要はなく、どちらもほぼ同じ内容を書くものと考えてよいでしょう。

また、志望理由書や自己推薦書がなくても、推薦書の中に受験生本人が志望理由などを書く欄がある学校も存在します。

志望理由書の例

入学を志望した動機や理由
志望した動機や理由、また、それに関して高校に入学後、努力したいと考えていること、将来の進路などを書く。

中学校生活の中で努力したこと
3 年間の中学校生活の中で、教科等の学習、部活動、生徒会活動、ボランティア活動、資格・検定の取得などにおいて、自分が努力したことを具体的に書く。学校外の活動についても記載することができる。

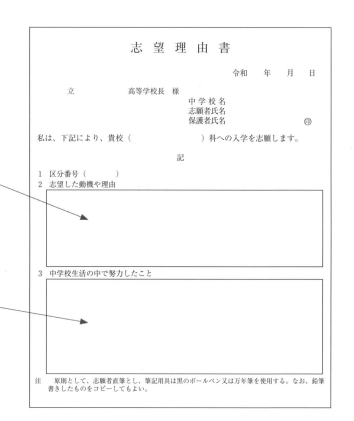

2 「志望理由書」「自己推薦書」を書く4ステップ

Step ❶ 何を書くかを考え、箇条書きでメモする

「自分がなぜ、その高校を受験しようと思ったのか」「高校に伝えたい自分のよさ」など、志望理由や自己PRを考え、それをメモ書きしましょう。その際に気をつけたいのは、書く内容を**最初から一つだけに限定しないこと**。とりあえず頭に浮かんだものは、実際に書く書かないにかかわらず、すべて箇条書きにしましょう。

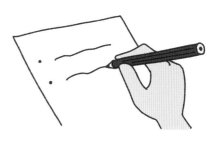

Step ❷ メインにするものを決め、書く順番を考える

志望理由や自己PRしたいことがいくつか浮かんだら、どれも同じ比重で書くのではなく、そのうち**何を「メイン」にするか、何を「サブ」（補助的なもの）にするか**を決め、書く順番を考えましょう。志望理由ならいちばん強い理由（決め手となったもの）、自己PRならいちばん自信のあるものをメインにします。たくさんある場合は、3～4つ程度に絞りましょう。

Step ❸ 4段構成で書いてみる

書く内容が決まったら、文章化してみましょう。次の点に注意してまとめましょう。
①メインとする事柄（ことがら）を最初に書く
②メインの事柄について具体的なエピソードにふれる
③サブとなる事柄を付け加えて書く
④文章の最後は前向きな姿勢で締め（し）くくる

ただし、④の「前向きな姿勢」の文章が、①の「メインとする事柄」の次にくるほうがうまくまとまる場合もあります。必ずこのとおりにまとめる必要はありませんが、4段構成を基本形として覚えておくと便利です。

Step ❹ 文章の量を調整し、完成させる

ひととおり文章が書けたら、志望理由書・自己推薦書をコピーして、一度下書きしてみましょう。文章の量が適切になるよう検討し、文章を完成させたら、本番の用紙に清書しましょう。

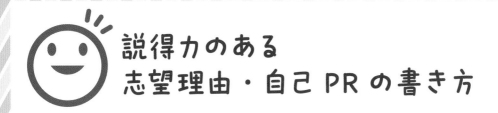

説得力のある 志望理由・自己PRの書き方

1 志望理由・自己PRの上手な書き方4つのポイント

より説得力のある志望理由や自己PRにするためのポイントを確認しましょう。

POINT 1 できるだけ具体的に書く

志望理由に、受験する高校の校風や教育方針をあげるなら、そのどんな点に魅力を感じたのかを書きます。勉強や部活動でがんばりたいなら、教科名や部活名などを具体的にあげて書きましょう。

また、説明会や文化祭などに足を運んだことや、自分の目で確かめたその高校の生徒や先生のようすなどを題材にすれば、かなり詳しく書くことができます。自己PRは、中学校で「やったこと」だけでなく、何をどのように行い、どんな成果があったかなどを書くと、面接官の心により強く響きます。

POINT 2 受験校の特徴を理解して書く

その高校でしか学べない特別な勉強や部活動など、ほかの高校とは異なる特徴に興味を持ったという形で書くと、自身の意欲が伝わります。

公立高校の場合、学校ごとに「本校の期待する生徒の姿」「求める生徒像」といった情報が事前に発表される場合もあります。その高校が受験生に伝えたい特徴が記載されており、それを参考にしながら文章を書くことが求められます。必ずその情報を読み、自身の文章に反映させることが重要です。

POINT 3 "自分の言葉"で表現する

個性をアピールしようと言われても、どう書けばいいか悩んでしまう人もいるかもしれませんが、それほど難しく考える必要はありません。重要なのは、自分自身の言葉で表現することです。難しい言葉や気取った表現ではなく、素直に自分の思ったことや感じたことを書いてみましょう。中学生らしいストレートな文章で、「自分の意志の強さ」「入学への熱意」などを伝えることが大切です。

POINT 4 高校生活に結びつけて書く

「この高校をこのような理由で志望した。だから、入学したらこんな高校生活を送りたい」というように、志望理由を具体的な高校生活と結びつけて書きましょう。自己PRも、中学校で取り組んできたこと（部活動・勉強・委員会など）をしっかりと記述し、それに関連して高校で実現したいことを明確にアピールしましょう。自己PRは、自慢話になりがちですが、中学時代での実績をもとにして高校でどう成長・挑戦したいかを前向きに書けば、印象がよりよくなるはずです。

2 志望理由：受験の動機を思い出そう

「高校でいちばんやりたいことは？」「文化祭や体験入学などで印象に残ったことは？」「学校案内やパンフレットで気に入った点は？」「先輩や兄姉などから聞いた話は？」「高校を卒業してからやりたいことは？」「中学校時代に熱中したことは？」といった点に注目し、なぜ受験しようと思ったのか、その動機を思い出しましょう。次の項目も参考にしてください。

☐ 学校の雰囲気(ふんいき)が気に入ったから

☐ 就職の実績がいいから

☐ 資格が取れるから

☐ やりたい勉強ができるから

☐ 参加したい学校行事があるから

☐ 通学に便利だから

☐ 大学進学実績が高いから

☐ 専門分野が学べるから

☐ 個性的な授業があるから

☐ やりたい部活動があるから

☐ 施設・設備が充実しているから

☐ 将来の夢を実現させたいから

3 自己PR：人に自慢できることを考えよう

「学校行事や部活動で賞を取ったことは？」「中学校生活でがんばったことは？」「資格・特技・趣味で自慢できることは？」「学校生活以外で取り組んでいることは？」「中学校で先生や友だちからほめられたことは？」「ふだん親がほめてくれる点は？」といった点に注目し、人に誇(ほこ)れることを考えましょう。次の項目も参考にしてください。

☐ 得意な教科がある

☐ 部活動でがんばったエピソードがある

☐ 部活動でのすぐれた実績がある

☐ 熱中している趣味がある

☐ 生徒会や委員会でがんばったエピソードがある

☐ 生徒会や委員会で役職をやった実績がある

☐ 学級の係の仕事で自慢できることがある

☐ 性格面でほめられたり、感心されたりする

☐ 特技・資格を持っている

☐ 運動会や合唱コンクールなど行事で活躍した

☐ ボランティア活動をしている

☐ 家でよく手伝いをする

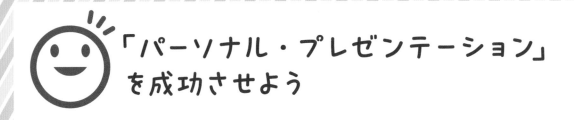

「パーソナル・プレゼンテーション」を成功させよう

1 「パーソナル・プレゼンテーション」ってどんなことをするの?

　「パーソナル・プレゼンテーション」は、「自己表現」のことです。面接の間の3〜5分間程度で受験生が実技、作品、研究、体験などを通じて自己を表現することができます。特技の実演など、自分の良いところを上手に伝えられる「プレゼン能力」が重要になります。

　パーソナル・プレゼンテーションの方法は、大きく3つのタイプが存在するため、受験校がどのタイプであるか事前に確認して対策をしましょう。また、「自己PRタイム」「自己PRスピーチ」「自己アピール」といった名前で呼ばれ、面接の時間内1〜3分間程度で自己PRの機会が設けられる学校もあります。

2 「パーソナル・プレゼンテーション」の3タイプ

タイプA 実演など得意分野をアピールする

　楽器を演奏したり、自分の描いた絵やスポーツでの表彰状をみせたりして、自分の得意分野を面接官の前でアピールするタイプで、もっとも一般的なパーソナル・プレゼンテーション。ただし、特技をみせるだけではなく、その特技を通じて自分自身を言葉で表現することが求められます。

タイプB 準備してきたものを"プレゼン"する

　例えば、自己の夢の実現についてスケッチブックなどにまとめて面接官の前でプレゼンテーションをするタイプがあります。プレゼンテーションのために事前にどれだけの準備ができるか、そして試験当日は制限時間内に伝えたいポイントをいかに上手に説明できるかがカギになります。

タイプC 直前に与えられた課題に沿ってスピーチする

　控え室から待機室に移動したときなど、本番直前に示された課題に沿ってスピーチをするタイプです。課題も学校ごとに違いますが、「個性」「美しい」「築く」といった3つの言葉が与えられて、その3つの言葉をすべて用いて自分の意見を述べるという落語の"三題ばなし"風のものもあります。

3 「パーソナル・プレゼンテーション」を成功させる 4ポイント

POINT ① 事前にスピーチの原稿を準備する

　パーソナル・プレゼンテーションや自己PRタイムの3〜5分の制限時間で自分の伝えたいことをその場でまとめるのはかなり難しいでしょう。事前に話す内容を考え、しっかりと原稿を準備することが必要です。面接直前に課題が与えられる学校でも、内容をある程度決め、スピーチの原稿を作成しておきましょう。そうすれば、課題が提示された時点で話を少し修正して課題に関連づけることができます。

POINT ② 制限時間で収まるスピーチ原稿をつくる

　自分をアピールしたいという気持ちが強いと、ついついたくさんの内容を話したくなってしまいますが、それでは制限時間をオーバーしてしまいます。欲張りすぎず、話のポイントを絞ることが時間内に収めるコツです。面接官に伝えたい自分の特徴や魅力に焦点を当て、それを中心に話をまとめましょう。実演を行う場合でも、その時間を含めて制限時間内に収まるスピーチ原稿を作成しましょう。

POINT ③ 原稿をみないで話せるように練習する

　事前に原稿を作成するだけでなく、その内容を制限時間内にスムーズに話せるようにしっかりと練習することも重要です。本番では原稿を読み上げることはできないため、内容を頭の中にしっかりと覚え込み、原稿をみずにスラスラ話せるようになるまで反復練習しましょう。練習しても制限時間内に収まらない場合は、不要な部分を削って短くする作業が必要です。

POINT ④ 突っ込んだ質問にもひるまない

　パーソナル・プレゼンテーションや自己PRタイムが終わったあと、すぐに退室することはほとんどありません。必ず面接官からの質問があります。質問はかなり掘り下げられたものであることも覚悟しておき、それに対しても自信を持って対応する心の準備をしておきましょう。ひるまずに質問に答える姿勢を持つことが重要です。

「パーソナル・プレゼンテーション」はどんな学校で行われる？

　パーソナル・プレゼンテーションは、受験生の自己表現能力や意欲・やる気を積極的に評価したいという考えから、総合学科高校の推薦入試で始まりました。現在では公立高校の中でも総合学科だけでなく、専門学科の高校を中心に、私立高校でも自己推薦型入試を行う学校などで増える傾向があります。こうした学校では、面接が非常に重要視される場合が多く、それに伴って対策も重要になってきます。

「グループ討論」を成功させよう

1 5〜10人程度のグループで一つのテーマを議論する

「グループ討論」では、与えられたテーマをすべての受験生が議論します。挙手し、自由に意見を述べていく形式です。司会は、面接官の先生がする場合が多いですが、中には受験生に議論をリードする役割を任せる学校もあります。面接官は主に受験生のようすを観察する役割を担います。

一つのグループは5〜10人程度が一般的ですが、それ以上の人数で行う場合もあります。時間も通常の面接よりも長い10〜20分程度が多いですが、中には30分の討論を行う学校もあります。

2 テーマは最近の社会問題や中学生にとって身近な問題が多い

テーマは学校によってさまざまですが、環境問題、地球温暖化、国際化社会、IT社会、福祉、少子化問題など、新聞やテレビのニュースなどでも話題になる**社会問題**や、いじめや校則など、中学生にとって**身近な問題**が取り上げられることが多いです。専門学科の場合は、**学科の特徴に関連したテーマ**が出されることもあります。

テーマの出し方は、「環境を守るために自分たちでできることは何か？」など、具体的な意見が求められる場合が多いです。このようなテーマは、推薦入試の作文問題とも共通する部分があり、作文で出題された課題と同じテーマで討論を行う場合もあります。

また、一部の学校では、「スマートフォンを学校に持ってきてはいけない」といった校則に賛成か反対か、自分の立場を明確にしてディベート形式で討論を行う場合もあります。

「グループ討論」ではこんなところが評価される！

グループ討論も面接の一種として扱われるため、「意欲・やる気」、「服装・髪型」、「礼儀作法・態度」、「言葉づかい」といった要素は通常の面接と同様に重視されます。しかし、グループ討論を行う理由の一つは、集団の中で受験生の個々の人間性を明らかにしたいからです。独自の意見を述べることができる個性は重要ですが、それ以上に協調性やリーダーシップの有無などの社会的な側面が通常の面接よりも評価される傾向があります。このような社会的な側面は、態度や発言内容の両方で表れるため、どちらにも注意を払う必要があります。

---

3 「グループ討論」を成功させる3つのポイント

POINT ❶ 積極的に発言して自分をアピールする

　パーソナル・プレゼンテーションや自己PRタイムと比べて、グループ討論は異なる意図で実施されますが、自己をアピールする場という点では共通しています。グループ討論では、順番に発言するのではなく、挙手をして自由に発言する形式が取られます。そのため、積極的に発言することはアピール度を高めるうえで重要です。特に最初に発言することは勇気が必要ですので、そのような積極性は評価されるでしょう。基本的には、積極的に手をあげて発言することを心がけるとよいでしょう。

POINT ❷ 他の人の意見をきちんと聞いて発言する

　発言の多さだけでなく、その内容や態度も重要です。協調性のない批判的な発言や的外れな意見は、自己中心的な印象を与えてしまいます。発言内容が適切でも、自分の意見ばかりを主張する姿勢も同様の印象を与えるでしょう。

　発言回数が少なくても、前向きな意見やほかの人の意見を尊重しながら発言することが重要です。これによって、好印象を持たれる可能性が高まります。特に他の人の意見をまとめる能力を持った発言を行うと、リーダーシップを感じさせ、高い評価を得ることができるでしょう。

POINT ❸ 自分の身の回りにある例をあげて意見を言う

　グループ討論ではリーダーシップのある受験生への評価が高くなる傾向がありますが、全員にリーダーシップを求めているわけではありません。学校は受験生の独創性も評価したいと考えていますので、ほかの人とは少し異なるアプローチや独自の意見を持つことがアピール度を高める要素となります。ただし、独創性を求めるからといって突飛な意見を言う必要はありません。奇をてらった発言は逆に印象を悪くすることもあります。代わりに、基本的な意見でも自分なりの具体例をあげ、自分の言葉で表現することで独創性のある意見となるはずです。自分の経験や身の回りの事例を通じて、ほかの人とは異なる視点やアイデアを示すことが重要です。

「グループ討論」はどんな学校で行われる？

　グループ討論を実施している学校は、私立高よりは公立高に多く見られる傾向があります。ただし、公立でも、まったく行っていない場合もあるので、自分の都道府県の傾向を調べておいたほうがよいでしょう。

　また、推薦入試でグループ面接を行う学校の中には、入試要項では討論を行うと特に書いていなくても、まれに簡単なグループ討論を行う学校があります。グループ討論をするかどうかが入試要項で明確になっていない場合は、その点を事前に確認しておいたほうがよいでしょう。

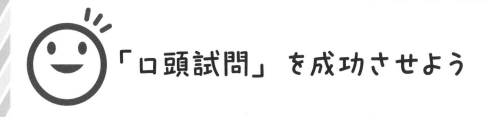

「口頭試問」を成功させよう

1 基礎的な質問が多いが、難しい問題を出す学校も

「口頭試問」は、基本的な質問が中心ですが、一部の学校では英語の長文を黙読させたあとにその内容に関する質問や、グラフや表の資料を使用して読み取れることについて尋ねるような難しい問題を出す場合もあります。また、ホワイトボードを使用して回答させる場合や、プリントや筆記用具を用意して実施する「筆記テスト」のような形式を採用する学校も存在します。

2 公立高校のほうが厳しい質問が多い

私立高校では、**教科の基礎事項の確認や簡単な質問が主体**となることが多いです。一方、公立高校の推薦入試は倍率が高く、競争が激しい傾向があり、**意表をついた質問や厳しい突っ込みが目立つ**ことがあります。公立高校では、選抜の意味合いが強く、受験生の能力や志望校への適性をより厳しく評価する必要があると考えられています。

志望校が口頭試問をどのように行うか調べておき、当日になってあわてないようにしましょう。また、口頭試問を行わないという学校でも、教科に関わる基礎的な質問をすることはありうると考え、心の準備は常にしておきましょう。

3 各教科の設問例

 英語・国際系の科やコースなど、英語教育に力を入れている学校で実施されます。英問英答の形式だけではなく、英文を音読や黙読させたあとに内容について質問したり、絵やカードを活用したりすることもあります。基礎的な英語の学力を確認するために行われる場合、日本語で質問され、基本的な英単語を言わせるような形式も見られます。

設問タイプ	設問例	回答例
英問英答	How is the weather today?	It's fine（あるいは rainy, cloudy）today.
	What season do you like the best?	I like summer（あるいは spring, fall, winter）the best（because I like swimming in the sea）.
	What are you going to do after you get into high school?	I'm going to study English harder.
英語による説明	絵が渡され、それについて英文3文で説明する。	省略
読解・総合	短い英文が書かれた紙を渡され、1分間黙読。次にそれを音読したあと、内容について3問、自分自身について2問の質問を英語でされる。	省略

数学　数や図形の性質、基本的な公式、簡単な計算問題などの口頭での質問や、配られたプリントに口頭で回答する場合があります。理数科や進学校で行われるのが一般的ですが、基礎学力を確認するために、小学生レベルの基本的な事項を質問することもあります。

設問タイプ	設問例	回答例
(1)数・式の計算	10 以下の素数を全部答えなさい。	2, 3, 5, 7
	$a^2 - b^2$ を因数分解すると？	$(a+b)(a-b)$
(2)関数	● km の道のりを時速 5 km で往復したときにかかる時間は？	▲時間
(3)確率	2 枚のコインを同時に投げたとき、ともに裏になる確率は？	$\dfrac{1}{4}$

国語　基礎的な知識を口頭で質問される形式が一般的です。しかし、質問のボードを見せられたり、配られたプリントの長文を黙読したあとに読解問題が質問される場合もあります。また、文学作品に関しては、内容や感想まで詳しく問われることもあります。

設問タイプ	設問例	回答例
(1)漢字・語句	「促す」「忍耐」「出納」「便宜」の読みは？	ウナガす、ニンタイ、スイトウ、ベンギ
	「理想」の対義語は？	現実
(2)文法	カ行変格活用の終止形を言え。	くる
(3)文学史	『土佐日記』『枕草子』『徒然草』の中で女性が書いたものは？	『枕草子』

理科　数学と同様に理数科や進学校で頻繁に行われます。基礎的な知識が口頭で質問され、口頭で回答する形式が一般的です。しかし、まれに実験や観察に基づいた現象の原因を説明するためにホワイトボードを使用させるような例もみられます。

設問タイプ	設問例	回答例
知識を答える問題	顕微鏡の 2 種類のレンズをあげよ。	対物レンズ、接眼レンズ
	光合成でつくられるものは何？	デンプンと酸素
	地震の規模を表す値のことを何というか？	マグニチュード
	三大栄養素とは何？	炭水化物（糖質）、脂肪、たんぱく質
説明する問題	季節によって見える星座が変わるのはなぜ？	地球が太陽の周りを公転しているため。

社会　一般的な常識に関する質問が多く、最近のニュースや出来事に対して関心を持つことが必要です。口頭で質問され、口頭で回答する形式が一般的ですが、表やグラフの資料が提示され、それらから読み取れる情報を問われる例もみられます。

設問タイプ	設問例	回答例
公民	現在の内閣総理大臣は？	●●●●
	日本国憲法における国民の三大義務は？	納税、勤労、教育（を受けさせる）
歴史	紀元前と紀元後の区別は？	イエス・キリストが誕生したとされる年より前を紀元前、その年以降を紀元後とする。
	ペリーが来航したあとに結んだ条約は？	日米和親条約
地理	日本アルプスと呼ばれる 3 つの山脈を言え。	飛驒山脈、木曽山脈、赤石山脈

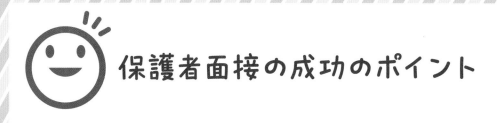

保護者面接の成功のポイント

1 保護者面接の目的

　学校生活においての主役は生徒ですが、**保護者の協力も不可欠**になってきます。そのため、学校の教育方針などについて保護者と意見を交換し、共有することが求められます。面接では学校が保護者に対して、**学校への理解や協力の意思を伝える機会**ともなります。学校は保護者が学校の目標やルールに理解を示し、協力することを期待しています。

　また、面接では保護者から、生徒の学習状況や成績、興味関心などについて情報を得ることもできます。高校は生徒の個性を生かすために、保護者からの情報が非常に有益なのです。

　高校が、保護者面接を実施するのは、こうしたことが目的としてあげられます。保護者も高校の教師との対話を通じて、学校の教育方針や雰囲気（ふんいき）についての理解を深めることができます。保護者面接は、学校と保護者のコミュニケーションの場でもあるのです。

2 保護者面接の形式は2パターン

　保護者面接には大きく2つのパターンがあります。
- **・保護者が受験生本人に同伴していっしょに受けるケース**
- **・保護者と受験生本人が別々に面接を受けるケース**

　この際、保護者は父母のどちらか一方でよい場合が多いですが、なかには両親そろってと指定される場合もあります。

　面接は、1組の親子に対し、面接官が2〜3人で対応することが多く、時間は5〜10分が一般的です。面接官の人数が多い高校、面接時間が長い高校ほど、保護者面接を重視していると思っていいでしょう。

　また、実施校は、男子校よりも女子校の割合が高くなっています。これは、女子校のほうが、礼儀やしつけなど家庭での教育を重視する高校が多いためと思われます。特にミッション系の学校では、保護者面接を重視するところが多く、親の身だしなみなどもチェックされますから気をつけましょう。

3 保護者面接でみられるポイント

　高校が保護者面接で重視しているのは、「**教育方針への理解度**」、「**家庭での教育**」があげられます。親が高校の教育方針をどれくらい理解し、高校に協力してくれる家庭かどうかをみられるのです。

　また、「**礼儀作法・態度**」「**言葉づかい**」「**服装・髪形**」などを重視している学校もあり、外面に表れる雰囲気などから、その学校にふさわしい親であるかをみようとします。特に態度には、親がその高校のことをどのように思っているかが表れるので、これらの点も大切に考えるべきでしょう。

4 保護者面接のマナーと応対のコツ

　保護者面接では、親の考えはもちろん、態度や言葉づかいなどもチェックされます。ここでは面接時に注意したい点などをまとめてみました。

POINT ❶ 事前に親子で打ち合わせをする

　志望理由、将来の進路などに関しては、親子同伴の場合はもちろん、別々に行われる面接でも、親と子、または父母の答えにズレが出ないことが大切です。そのためには、家庭で事前に話し合いをしておくことが必要となります。しっかりと打ち合わせをして面接に臨むようにしましょう。

POINT ❷ 質問には的確に要領よく回答する

　家庭での教育などに関して、「うちではこんなに熱心に考えている」といった押しつけがましいアピールは、かえってマイナスイメージになります。質問されたことに的確に要領よく回答するほうが、好印象となるはずです。また、教育全般や社会制度などに対する批判めいた話、他校に関する悪口や、他校と比較して話すようなことも避けた方が無難です。

POINT ❸ 子供を前面に出す

　親子同伴の面接では、子供が返事につまった場合でも、父母が手助けして代弁するのはやめましょう。親離れしていない、自主性のない子供だと思われてしまうこともあります。「親御さんはどう思われますか」と聞かれない限り、口をはさまないようにしましょう。子供が返答しているとき、心配そうに子供の顔をのぞき込むというような態度もよくありません。

POINT ❹ 父母は均等に話すよう心がける

　両親そろっての面接の場合は、父母ができるだけ均等に話すようにすることも大切です。母親ばかりが答えて、父親はほとんど話さずうなずくだけでは、父親が受験校をよく知らない、教育や子育てにあまり関心がないように受け止められてしまいます。こういう質問に対してはどちらが返答するなど、事前に決めておくとよいでしょう。また、父親の答えに母親が口をはさむ、答えを訂正するといったこともないようにしましょう。

POINT ❺ 控え室も面接の一部

　控え室で待機しているときも、面接の一部だと思って過ごしましょう。親子、または父母がいっしょのときは、ここで質問を予想したり、答えの打ち合わせをするのは避けたいものです。また、会話は控えめにして、話すときも和やかに小声で話すくらいにしておきましょう。

保護者面接でよく聞かれる質問と好印象を与える回答

質問 なぜ、本校を志望されましたか？

回答例 こちらの学校を卒業されたご近所の方の勧めで、子供と文化祭を見学させていただきました。そのときにみかけた生徒さんが、みなさん利発で活発そうな印象を受け、この学校で教育を受けさせたいと考えました。本人にとっても理想的な環境だと思い、志望いたしました。

ポイント 質問の意図どおり、子供の希望ではなく、親の見解を述べるように心がけましょう。どうしてこの学校に着目したか（だれかにすすめられたなどのエピソード）や、説明会や文化祭で実際に見聞きした印象などを織り込みながら話すと効果的です。型にはまった答えではなく、素直な気持ちが伝わるようにすれば好印象が得られるでしょう。

質問 本校の教育方針に期待されることはありますか？

回答例 生徒一人ひとりの個性を尊重する自由な校風でありながら、生活指導に熱心で、服装や言葉づかい、あいさつなどの基本的なマナーには厳しいとうかがっています。明るさだけがとりえの子供ですが、しっかりとした情緒や知識を身につけさせてほしいと思います。また、昨年の学校説明会で拝見いたしましたビデオで、読書の時間やスピーチコンテストなどを取り入れて、基本的学習能力の開発に力を入れている点にも共感しました。その教育に大いに期待しております。

ポイント 学校の教育方針を、保護者がどれだけ理解しているのかを確かめる質問です。学校案内のパンフレットや学校説明会などで、十分な知識を得ておきましょう。そのうえで、家庭の教育方針と一致する点や、補ってほしい点などを明確にしておくと理解してもらいやすいでしょう。

質問 お子さんはどのような性格ですか？

回答例 明るくて、人見知りをほとんどしない反面、多少落ち着きのないところがあります。気さくで周りの人に気配りができるところは長所だと思いますので、これからも大切にしてやりたいと思います。ただ、落ち着きのなさという面では、高校に入って何か一つ打ち込むことを見つけて、集中力を養っていければ、と考えています。

ポイント 本人の性格は、全体的に長所をクローズアップして話すようにし、短所はあまりズバリと言わないようにしましょう。ただ、良い面ばかりのアピールにならないよう、欠点にも少しふれ、直させたいという考えを付け加えておくとよい印象を得られます。子供のことを話すときは、客観的にみることも大切です。

質問 ご家庭では、どういう方針で子育てをされていますか？

回答例 健康で明るく素直で、ものごとをきちんと最後までやり遂げられる子に育てたいと思っています。親から与えたり教えたりするだけではなく、自分で選んだうえで責任を持って行動してほしいので、本人が興味を持ったことに関しては、すべてやらせてみることにしています。これまでも、音楽教室や英会話教室など、勉強以外の習いごとを続けてきまして、本人もずいぶんと視野が広がったようです。

ポイント 家庭内の教育方針やしつけで生徒がどのような環境で育ってきたかがわかります。家庭の教育方針が具体的にわかる回答をするように心がけましょう。

　また、家庭や学校だけにとどまらず、社会生活を送るうえで広い意味での心構えをどのように身につけさせてきたかも重要です。「特に公共心を育てることに力を入れた」など、家庭での基本方針を話せるように事前にまとめておき、一つか二つに絞って適切に伝えるようにするとよいでしょう。

質問 現在の健康状態はいかがですか？

回答例 アレルギー体質のため、幼稚園のときから疲れると小児ぜんそくの症状がみられるのですが、年齢が上がるにつれて、軽くなってきたようです。現在は、中学校でもふつうに体育の授業も受けていますし、修学旅行などの行事にも参加できていますので、今後も学校にご迷惑をおかけするようなことはまったくないと思います。

ポイント 健康状態が良好であれば、何の問題もないことをはっきりと話しておきましょう。もし何らかの病気がある場合は、現在の状態を詳しく伝え、治療に努めていること、学校生活には特に支障がないことを強調しておくようにしましょう。

質問 お子さんをどのような方向に進ませたいとお考えですか？

回答例 今のところ、本人は理系の大学に進学し、将来はコンピュータ関係の仕事に就きたいと言っています。親としては、まだ一つのことに絞らず、幅広い知識を身につけてほしいとも思いますが、本人の意志を尊重して希望する方向へ進ませたいと考えておりますので、大学進学に向けてできるだけ応援していきたいと思っております。

ポイント 将来の進路については、本人の意見を第一に考え、親の希望は押しつけがましくならない程度に話しておくようにしましょう。また、大学付属校の場合は進学希望学部などを聞かれることがあります。専門学科や総合学科を受験する場合は、目的意識も重視されるので、事前に本人とよく話し合っておくことが不可欠です。

　高校卒業後の進路選択について学校任せにせず、積極的に考えている家庭であることをアピールするようにしましょう。

| 質問 | お子さんにはお友達は何人くらいいますか？　どのようなお友達ですか？ |

| 回答例 | 大勢でわいわい遊ぶより、少人数のお友達とじっくり付き合っていくタイプのようで、クラスに仲の良いお友達が３人います。休みの日はいっしょに近くの公園で遊んだり、図書館で勉強したりしています。幼稚園からの幼なじみのお友達とは、今でも家族ぐるみのお付き合いをしています。 |

| ポイント | 友人関係を通して、子供の協調性や人間性についてアピールできるので、この機会を利用して、子供の良い面を伝えておきましょう。友達があまりいない場合でも、「いない」という印象にならないよう、答え方を工夫するようにしましょう。 |

| 質問 | 通学にはどれくらいの時間がかかりますか？ |

| 回答例 | ＪＲと私鉄を乗り継いで１時間ほどかかります。通学の方法や環境がこれまでとはまったく違ってしまいますので、電車通学に慣れるまでがたいへんかと思いますが、家族も協力して、遅刻や欠席をさせないようにいたします。 |

| ポイント | 通学時間の制限が設けられている学校もあるので注意が必要です。また、多少時間がかかっても、しっかり通わせることを強調しておくようにしましょう。 |

【こんな質問も要チェック】

| 質問 | 本校はキリスト教を教育の柱としていますが、ご理解いただけていますか？ |

| 回答例 | 私自身は信者ではありませんが、弱者に対するいたわりや他人に尽くす心などには、深い共感を覚えます。キリスト教による宗教教育を、わが子にしていただくことについては、まったく異存はなく、人間教育という点で期待しております。行事にも積極的に参加させたいと思います。 |

| ポイント | 宗教をバックボーンとしている学校では、その教育方針をよく理解しておきましょう。宗教教育に異存がないことをはっきりと伝え、宗教行事などにも参加することを表明しましょう。 |

| 質問 | 受験勉強はどのように行っていましたか？ |

| 回答例 | 中学２年生から受験を目標に塾通いを始めました。週に３回、英語と数学、国語の３教科を学習していました。御校については、早くから第一志望と決めていましたので、過去に出題された問題もかなり解いていたようです。親としては、本人の健康管理にもっとも気をつかいました。 |

| ポイント | 塾に通っていたか、具体的にどんな勉強をしていたかを伝えられるとよいでしょう。親として、どんなことに協力していたかも付け加えるようにしましょう。 |

| 質問 | ほかの高校も受験されましたか？ |

| 回答例 | 中学校の先生のご指導もあり、本人と話し合って○○高校も受験しています。両方合格した場合には、第一志望の御校へ入学させていただきたいと思います。 |

| ポイント | ほかに受験している高校があれば、正直に伝えるようにしましょう。第一志望が面接を受けている学校であれば、両方受かった場合は、その学校へ入学する意志が固いことも話しておくようにしましょう。 |

面接で好印象を与える保護者の身だしなみ

　保護者面接では、**父母の服装や身だしなみ**も重要なポイントとなります。基本は、ある程度あらたまった落ち着いた服装。通勤時の服装やメイクでも、学校の先生には派手に映る場合もあるので、注意しておきましょう。まして親子同伴の場合は、子供が主役ということを忘れずに。少し地味かな、と思うくらいの上品な服装やメイクが適切です。私立高校の場合は、学校ごとに特色が違うので、その学校の校風もふまえて考えること。特にカトリック校の場合は、華美な服装は避けたいものです。また、父母そろっての面接の場合は、両者のバランスにも気をつけましょう。

母親の場合

髪・メイク
ナチュラルメイクを心がけ、濃い化粧、派手な口紅は避けましょう。過度な茶髪やパーマも印象が悪くなります。

アクセサリー
アクセサリーは必要以上に身につけず、イヤリングをつける場合はシンプルなもの、指輪も二つ以上ははめないようにしましょう。

上着
セーターなどカジュアルな服装は避け、紺やグレーなどの落ち着いた色のスーツがよいでしょう。

バッグ
ハンドバッグは落ち着いた色、形のものにしましょう。

スカート
スカートの場合は丈が長すぎず短すぎず、いすに座ったとき、ひざが隠れるくらいの長さがよいでしょう。

靴
ヒールは高すぎないものにし、きれいにみがいておきましょう。

父親の場合

髪・メイク
整髪料はにおいのきつくないものにしましょう。過度な茶髪も印象が悪くなります。肩のフケなどにも注意しましょう。

服装
落ち着いた色のスーツが一般的です。白い無地のシャツでネクタイも色や柄が落ち着いたものを選ぶようにしましょう。

アクセサリー
ブレスレットなどは付けず、指輪は結婚指輪だけにしましょう。腕時計は派手過ぎないものにしておきましょう。

靴
黒のフォーマルなものにし、きれいにみがいておきましょう。

※このほか、強い香水はつけない、派手なマニキュアは避ける、色（網）タイツははかない。ストッキングも伝線に備え、予備を持って行くとよいでしょう。

※このほか、ひげはきちんとそっておきましょう。スーツは型くずれしていないものにし、新調した場合は、何度かソデを通してなじませておくとよいでしょう。

高校入試 面接対策をひとつひとつわかりやすく。

編集協力
株式会社エディット
新田修士
中津光子
佐藤玲子
山本のりこ

カバーイラスト
坂木浩子

本文イラスト
村山宇希

ブックデザイン
山口秀昭 (Studio Flavor)

DTP
株式会社四国写研

ナレーション
面接官　辻　紗樹 (朗読むすめ)
受験生　美波花音 (朗読むすめ)

音声収録
朗読部屋Studio (東京都文京区湯島)

音声編集
青木めぐ